中国新闻出版行业

智库影响力评价

（2020）

INFLUENCE EVALUATION OF
THINK TANKS
IN CHINESE PRESS
AND PUBLISHING INDUSTRY IN 2020

张 立 梁楠楠 著

社会科学文献出版社
SOCIAL SCIENCES ACADEMIC PRESS (CHINA)

课题参与人员名单

总体设计： 张　立

撰稿人员： 张　立　　梁楠楠

组织协调： 刘颖丽　　栾京晶

政策收集： 吴素平　　毛文思

资料补查： 王　瑶　　曲俊霖

审核建议： 张晓斌　　李晓晔

英文翻译： 周　丹　　香江波

领导寄语
加强新闻出版智库建设，推进行业治理现代化

　　中国特色社会主义已进入新时代，今天我们比历史上任何时期都更接近中华民族伟大复兴的目标。当前，国内外形势正在发生深刻变化，我国发展仍处于重要战略机遇期，前景十分光明，挑战也十分严峻。面对疫情之后更为复杂的国内挑战和国际斗争，党和国家迫切需要健全具有中国特色的决策支撑体系，以智库的科学研究和科学咨询支撑科学决策，以科学决策引领科学发展。为此，加强中国特色新型智库建设是应对这一形势的必由之路，也是党中央从完善决策咨询制度、提升国家治理能力、提高国家软实力出发做出的重要战略决策。

　　做强中国特色新型智库，有助于进一步提升国家战略决策的科学化水平。习近平总书记在党的十八届五中全会上强调，无论是分析形势还是做出决策，无论是破解发展难题还是解决涉及群众利益的问题，都需要专业思维、专业素养、专业方法，要注重发挥智库和专业研究机构作用。智库在凝聚国家智慧、形成思想合力方面，发挥着重大作用，是必不可少的思想资源汇集和供给阵地。中国特色新型智库以服务党和政府决策为宗旨，以政策研究咨询为主攻方向，在完善决策咨询机制、提高科学决策能力方面发挥重要作用。

　　做强中国特色新型智库，有助于进一步提升国家治理体系的现代化水平。党的十八届三中全会提出，要把完善和发展中国特色社会主义制度、推进国家治理体系和治理能力现代化确立为全面深化改革的总目标，同时也把智库建设与国家治理体系和治理能力现代化直接联系起来，做了部署。习近平总书记多次强调，我们党治国理政，要善于集中各方面智慧、凝聚各方面力量，要广泛听取各方面专家学者意见并使

之制度化。综观当今世界各国现代化发展历程，智库在国家治理中发挥着越来越重要的作用，已经成为国家治理能力高低的重要标志之一。全面深化改革，全面推进依法治国，推进国家治理体系和治理能力现代化，完善和发展中国特色社会主义制度，建立更加成熟更加定型的制度体系，都需要专家的智慧和力量。因而必须切实加强中国特色新型智库建设，充分发挥智库在治国理政中的特殊作用。

做强中国特色新型智库，有助于进一步提升国家软实力的国际化水平。当今世界各国实力的竞争，既是以经济、科技为代表的硬实力之间的竞争，又是以思想、文化为代表的软实力之间的竞争。智库作为生产思想和知识的机构，具有价值引领、思想创新等功能，是国家文化软实力的重要载体，在国际竞争中的角色愈发重要，在公共外交和文化互鉴中发挥着不可替代的作用。加强中国特色新型智库建设，做好对外宣传工作，传播好中国声音，讲好中国故事，增强中国话语权，对打破西方话语霸权，更好地建构中国国家形象，维护国家利益具有重要的时代意义。

近年来，在党和国家的积极推动下，中国智库发展迅速。新闻出版行业围绕中国特色新型智库建设要求，在出思想、出成果、出人才等方面亦取得了显著成绩，包括推进建设多类型新闻出版行业新型智库，成立特色新闻出版行业智库联盟，开展业内智库交流与合作，形成高质量智库成果等。2020年是我国全面建成小康社会和"十三五"规划收官之年，值此之际中国新闻出版研究院推出本书，既是对新闻出版行业智库发展现状的总结，也能为下一阶段持续推进新闻出版行业智库建设提供有力参考。我殷切希望中国新闻出版研究院发挥自己的优势，在接下来的智库建设工作中做好以下"三个坚持"，引领智库新发展。

坚持正确的政治方向和价值导向。新闻出版业是党和国家重要的思想文化宣传阵地，肩负着宣传国家大政方针、把握正确舆论导向的重要职责。中国新闻出版研究院要着眼壮大主流舆论、凝聚社会共识，发挥好智库阐释党的理论、解读公共政策、研判社会舆情、引导社会热点、疏导公众情绪的积极作用。运用融媒体等多种手段，传播主流思想价值，集聚社会正能量。

坚持为党和国家决策服务。中国新闻出版研究院在完成领导部门交办的决策咨询任务的同时，要积极做好储备性研究和前瞻性研究，想政府之所想，急政府之所急；要围绕新闻出版领域如何服务于重大政治决策、新时代的历史使命、新的治国方略、奋斗新征程的目标等重大课题开展研究，拿出高质量的成果。

坚持打造专业化智库。中国新闻出版研究院作为中宣部直属研究机构，是中国特色新型智库的重要组成部分，肩负着为国家新闻出版业发展出谋划策、资政建言的重要职责，其研究要具有更强的现实性、指向性、应用性、政策性，要以新闻出版业改革发展中面临的最紧迫、最受关注的重点问题和热点问题为研究重点，持续扎根多业态出版领域研究，建成特色鲜明、专业齐全、资源富集、积累丰厚的研究成果库和科研专家库。

"十四五"时期是我国全面建成小康社会、实现第一个百年奋斗目标之后，开启全面建设社会主义现代化国家新征程、向第二个百年奋斗目标进军的第一个五年，也将是新闻出版业高质量发展的五年。中国新闻出版研究院作为我国新闻出版领域唯一的国家级科研机构，一定要深入学习贯彻党的十九届五中全会精神，把握新机遇，应对新挑战，研究真问题，破解新难题，努力把自己打造成为党和政府用得上、信得过、离不开的行业智库，并引领新闻出版行业在"十四五"时期实现新飞跃，做出新贡献。

第十二届全国人大教科文卫委员会主任委员

原国家新闻出版总署署长、国家版权局局长

中国出版工作者协会理事长

清华大学新闻与传播学院院长

柳斌杰

序
新闻出版高端智库建设恰逢其时

党的十八大以来，以习近平同志为核心的党中央在治国理政新实践中，提出了一系列新理念新思想新战略，为在新的历史条件下推进党和国家事业发展提供了科学理论指导和行动指南。2013 年 4 月，习近平总书记首次提出"建设中国特色智库"的目标，将智库发展视为提升国家软实力的重要组成部分。同年 11 月，党的十八届三中全会《中共中央关于全面深化改革若干重大问题的决定》提出"加强中国特色新型智库建设，建立健全决策咨询制度"，这是中共中央文件首次提出"智库"概念。2014 年 10 月 27 日，中央全面深化改革领导小组第六次会议审议了《关于加强中国特色新型智库建设的意见》。2015 年 1 月，中共中央办公厅、国务院办公厅印发《关于加强中国特色新型智库建设的意见》，对中国特色新型智库建设的指导思想、总体目标及保障措施提出明确的要求，成为新时代中国特色新型智库建设的根本遵循。

按照党中央的总体部署与要求，新闻出版行业智库建设加速行动。《新闻出版广播影视"十三五"发展规划》明确提出：加强新闻出版广播影视行业新型智库建设，重点建设一批具有较大影响力的高端产业智库，造就一支坚持正确政治方向、德才兼备、富于创新精神的政策研究和决策咨询队伍，通过项目招标、政府采购、直接委托、课题合作等方式，引导相关智库开展新闻出版广播影视政策研究、决策评估、政策解读等工作。2018 年 3 月，国家新闻出版广电总局印发《关于加快新闻出版行业智库建设的指导意见》，明确了新闻出版行业智库建设的主要目标、重点任务及保障措施，为规范和引导新闻出版行业智库健康发展提供了具体依据。

中国新闻出版研究院隶属于中宣部，是我国新闻出版领域唯一的国家级专业研究机构，其主要职责有两个方面：一是围绕党和国家新闻出版方面的中心任务和重点工作，开展决策咨询服务；二是担负领导机关与行业其他智库间桥梁的作用。要做好对行业相关智库的引导工作，就必须对相关智库有比较全面的了解，虽然我们和许多行业智库有多种形式的合作与联系，但是还达不到全面了解的程度。此外，现有的智库评价报告，收录的新闻出版领域智库有限，不能由此获得较为全面的新闻出版行业智库评价信息，因此我们才对新闻出版行业智库开展专门评价。

近几年来，围绕新闻出版行业智库建设工作，我们进行了持续的调研工作。2017年以来，我院承担原国家新闻出版广电总局"新闻出版广播影视行业智库评价体系研究"项目，自主设立了"美国智库方法研究"课题和"我国新闻出版行业智库研究"课题，本书即在这些研究的基础上，建构了我国新闻出版行业智库影响力评价指标体系，尝试对新闻出版行业智库进行影响力分析与评价，以期为我国新闻出版行业智库更好发展提出建议。

要开展新闻出版行业智库的评价，首先需要明确哪些是行业智库，哪些属于中国特色新型智库。近些年来，随着新闻出版业的快速发展，服务于新闻出版行业的研究机构也有较大发展，既有大学系统和社科院系统的研究机构，也有新闻出版企业、行业组织的研究机构，还有社会研究机构，都从事与新闻出版业相关的咨询、研究服务，有的直接以智库命名。但是，并非所有的新闻出版领域的研究机构都是新型智库，而是要看它是否"以战略问题和公共政策为主要研究对象、以服务党和政府科学民主依法决策为宗旨"。党中央对新型智库提出了几条基本标准：（1）遵守国家法律法规、相对稳定、运作规范的实体性研究机构；（2）特色鲜明、长期关注的决策咨询研究领域及其研究成果；（3）具有一定影响的专业代表性人物和专职研究人员；（4）有保障、可持续的资金来源；（5）多层次的学术交流平台和成果转化渠道；（6）功能完备的信息采集分析系统；（7）健全的治理结构及组织章程；（8）开展国际合作交流的良好条件等。[①]党中央关于新型智库的标准有几个"硬杠杠"，比如是一个实体研究机构，不能是徒有虚名的联合体，或者一个牌子；比如长期关注决策咨询，而不是一般的纯学术研究、纯理论研究；再比如是一个非营利性的机构，而不是一个公司或

[①] 中共中央办公厅、国务院办公厅《关于加强中国特色新型智库建设的意见》。

企业。按照这样的原则,我们对现有的新闻出版研究机构进行了梳理,把符合基本条件的机构选进来。但是由于信息获得渠道的限制,有的入选机构也许存在条件缺陷,也有符合条件的没有被选进来,只能在以后的工作中逐步完善。

如何评价新闻出版行业智库,是这个课题的核心。对新型智库的评价,已经有了多个评价体系,本书列出了影响力比较大的五个智库评价报告,并对其评价方法、评价体系进行了比照分析,在借鉴与吸收的基础上,结合新闻出版行业智库的特点,提出了评价方法与评价体系,并运用此方法对入选行业智库进行了影响力的分析与评价。课题组成员希望借助这种方式加深业内外人士对我国新闻出版行业智库的了解,并推动我国新闻出版行业智库更好更快发展。但是,指标的设置与权重的设计是否体现了新型智库的特点,还需要同行的评议。

本次评价所依据的数据主要来自互联网,称为互联网影响力评价也许更恰当。虽然现在已经是互联网时代,许多智库成果在各种数据库中有所体现,但是我相信,还有许多智库的许多成果在互联网是看不到的,甚至有一些非常重要的成果没有公开,这就造成评价结果会有一定的偏差。未来,我们将改进数据采集方式,把线上数据抓取与线下数据的收集结合起来,使得评价的结果更接近实际。

新型智库是一种新的组织,有全新的定位与目标,建设新型智库也是新时代党中央对科研机构的新要求、新期待。新闻出版领域的研究机构众多,新闻出版业在党和国家工作大局中的地位、作用越来越凸显,对智库成果的需求越来越多,要求越来越高,科研机构发展为新型智库的时机难得。我们希望通过这种评价方式,促进行业智库补齐短板,加速转型,更好地服务于新时代。

中国新闻出版研究院院长 魏玉山

2020 年 6 月 11 日

前　言

　　智库是生产知识和思想的组织，通过创造性思维，形成知识和思想成果，运用这些成果强化决策者的大脑，从而对决策产生有利影响。智库的雏形"智囊"自古有之。如今，推进国家治理体系和治理能力现代化更离不开智库。

　　党的十八大以来，习近平同志就建设中国特色新型智库提出了一系列新思想新观点新要求。《新闻出版广播影视"十三五"发展规划》和《关于加快新闻出版行业智库建设的指导意见》亦明确提出，要加快中国特色新闻出版行业智库建设。中国新闻出版研究院开展我国新闻出版行业智库发展状况及影响力评价研究，目的是深入了解我国智库总体发展情况，摸清我国新闻出版行业智库现状，探索新闻出版行业智库影响力评价方法，为促进我国新闻出版行业智库健康有序发展提供建议。

　　为开展有针对性的影响力评价，本书首先对新闻出版行业智库进行界定和分类，并以此为依据筛选新闻出版行业智库作为目标智库。经过第一轮初步筛选和第二轮补充筛选，选定本研究评价对象智库。

　　本研究在对现有智库评价体系进行梳理的基础上，构建我国新闻出版行业智库影响力评价指标体系。该评价指标体系基于新闻出版行业智库资政辅政、理论创新、舆论引导、社会服务等功能需求，结合行业特点，从政策影响力、学术影响力和社会影响力三个维度进行评价。其中，政策影响力包括政策相关度及前瞻度两个指标，通过比较各智库的成果和新闻出版行业政策，进行智库成果政策相关性及前瞻性评价；学术影响力即智库论文的产出力和影响力，主要从智库论文被引情况进行评价；社会影响力包括智库网络媒体曝光度和智库网络传播能力两个指标，综合评价智库的知名度、活跃度及对外宣传能力。本研究以定量方法计算各智库得分，形成三个智库分项影响力排名榜单和一个智库综合影响力排名榜单，并对我国新闻出版行业智库建设存在的问题进行了深入思考，给出了相应建议。

本书在研究和撰写过程中，得到了多方面的帮助与支持，特别是中国版本图书馆给予的 2018 年图书在版编目数据，为本研究提供了数据支持，此外还有参与前期问卷调查的各家单位，在此一并致谢。书中大量数据信息收集自相关智库官方网站，因信息来源更新不及时等原因产生的评价结果偏差，恳请谅解。本研究构建的基于智库成果的影响力评价指标体系是一次大胆的尝试，不足之处还请业内相关人士批评指正。

目　录

Contents

第一章

绪 论

第一节 研究背景与意义

党的十八大以来，习近平同志就建设中国特色新型智库提出了一系列新思想新观点新要求。2014 年 2 月，教育部印发了《中国特色新型高校智库建设推进计划》。2015 年 1 月，中共中央办公厅、国务院办公厅印发了《关于加强中国特色新型智库建设的意见》，提出中国特色新型智库在支撑党和政府科学民主决策、国家治理能力现代化和提升国家软实力方面的重要意义。2015 年 11 月，中央全面深化改革领导小组第十八次会议通过《国家高端智库建设试点工作方案》，强调要着力建设一批国家亟需、特色鲜明、制度创新、引领发展的高端智库，更好地服务党和国家工作大局。2015 年 12 月 1 日，"国家高端智库建设试点工作会议"在北京召开，试点工作正式启动。试点工作启动以来，社会各界高度关注，媒体积极发挥舆论引导作用。北京、上海、山东、江苏、广东、湖南等 20 多个省区市已制定本地智库建设意见或方案，陆续组织开展试点工作。①

《新闻出版广播影视"十三五"发展规划》明确提出：要加快智库建设，提供智力支持保障，完善新闻出版科技专家库，充分发挥科研机构、高等院校、技术企业、新闻出版企业在新闻出版科技创新体系建设中的重要作用。

为贯彻落实党的十九大精神，落实中央《关于加强中国特色新型智库建设的意

---

① 贾宇.立足高端 服务决策 引领发展［N］.光明日报，2016-12-01（016）.

见》要求，根据《新闻出版广播影视"十三五"发展规划》，2018 年 3 月 20 日，国家新闻出版广电总局印发了《关于加快新闻出版行业智库建设的指导意见》（以下简称《意见》）。《意见》提出，要加快中国特色新闻出版行业智库建设，加强新闻出版行业智库建设整体规划，统筹推进新闻出版行业智库协调发展，努力构建布局科学、结构合理、规模适度、定位清晰的行业特色新型智库体系，建设一批定位清晰、特色鲜明、布局合理的行业智库、专业智库和媒体智库。

中国新闻出版研究院作为我国新闻出版行业官方智库，具有推动行业整体智库建设的职责和使命。了解我国智库总体发展情况，摸清新闻出版行业智库的现状，探索智库影响力评价方法，是我们首先要面对的课题。

第二节　智库概念界定

一　智库的起源与定义

（一）智库的起源

1. 智库雏形

智库虽然是现代国家治理和企业治理的产物，但广义上讲，具有智库功能的智库雏形自古就有。追溯智库的起源，就要从它的雏形"智囊"（brain trust）说起。"智囊"主要指那些为古代统治者出谋划策的人。在西方，古希腊哲学家亚里士多德对亚历山大大帝的思想形成起了重要作用；在中国，古代贤明的帝王将相深知智囊在维护统治、推动社会发展中的重要作用，因而广纳贤才，并通过召对、会议、奏章、票拟、草制等形式，广泛咨询听取意见。[1] 谋士、军师、师爷等官职其实都在智囊的范畴中。智囊往往指的是个人，而智库指的是智者的集合，更强调组织性。

在欧洲，智库的起源可以追溯到公元 9 世纪。当时，在君主与教会的经济政治权利对抗中，由贵族或神职人员构成的律师团队会为双方提供具有专业性和独立性的建议，这类独立学术团体几乎可以被视为今日智库的祖先。[2] 战国时期就出现的以学士、术士为代表的门客集团，他们为"战国四君子"这样的王国决策者提供智力服务，亦

---

① 王佳宁，张晓月. 智库的起源、历程及趋势 [J]. 重庆社会科学，2012（10）：102-109.
② 高曜. 智库起源趣谈 [N]. 文汇报，2017-02-17（W09）.

可称为现代智库的雏形。

2. 现代智库

现代智库最早出现在英国，1884 年成立的英国费边社（Fabian Society）被普遍认为是第一个现代意义上的智库。[1][2]1906 年组建的野村公司调查部（1965 年扩展为野村综合研究院）是日本乃至亚洲最早的现代智库之一。第二次世界大战结束后，以美国为中心的智库崭露头角，并进入实质性发展阶段。美国著名智库兰德公司便成立于 1948 年。

3. "智库"由来

关于"智库"（think tank）一词的来历，南加州大学历史学教授雅各布·索尔认为，这个词虽然是现代词，但它的历史可以追溯到 16、17 世纪的人文学术脉络中。国内有学者认为，"智库"一词起源于 19 世纪，出自英国的俚语，表示"智囊"的意思。

薛澜、朱旭峰在 2006 年发表的《"中国思想库"：涵义、分类与研究展望》一文中指出，"思想库"一词最早出现在第二次世界大战期间的美国，用以指称当时军事人员和文职专家聚集在一起制订战争计划及其他军事战略的安宁环境。魏晨等人在近两年的文章中也发表了类似的观点。[3]此外还有一种说法是，杜鲁门总统在其 80 岁生日宴会上的讲话中创造了"智库"一词，从而取代了"智囊"。从上述研究大致可以推断，"智库"这一概念在 20 世纪中期开始进入大众视野，并逐渐流传开来。

（二）智库的定义

1. 国外学者对智库的定义

国外学者较早提出了智库的定义。美国智库学者保罗·迪克森早在 1971 年就对智库进行了界定："智库是一种相对独立、稳定的公共政策研究组织，研究工作人员运用科学合理的研究理论方法对广泛的社会问题及政策进行跨领域、多学科的分析研究，在与政府、企业及社会大众密切相关的政策问题上提出决策咨询服务。"[4]肯特·韦佛在 1989 年发表的《不断变化的智库世界》（*The Changing World of Think*

① 徐晓虎.智库研究的热点难点和待探索领域——基于 2012~2016 年代表性文献的分析［J］.学术论坛，2017，40（02）：56-64.
② 中共宜昌市委党校课题组，高青.中外智库的起源及发展演进［J］.学习月刊，2015（15）：34-37.
③ 魏晨，卢絮，马燃等.国外智库研究的进展概述与扼要评价［J］.情报杂志，2019（10）：62-72.
④ Dickson Paul. Think Tanks［M］.New York：Atheneum，1971：26-35.

Tanks）中将智库定义为"非营利的公共政策研究机构"，并将其分为三类，即没有学生的大学、合同研究者和倡议型智库。① 这两个较早期的智库定义分别强调了智库的独立性和非营利性，这两点得到欧美智库学者的普遍认同。

英国智库学者戴安·斯通认为智库是独立的或私人的政策研究机构，并将独立性或私人性解释为："在国际运作时，智库通常被归类为非国家行为者；在国家内部时，智库通常被描述为来自民间的第三方组织。"②

美国国家政策分析中心原主席约翰·古德曼在《什么是智库？》（*What is a Think Tank*？）一文中明确了智库在聚合研究力量、促进学者交流方面的功能："智库是一个组织，它赞助针对特定问题的研究，鼓励发现解决方案，并促进科学家和知识分子之间为实现这些目标而进行的互动。"③

詹姆斯·麦甘在其最新的《2019年全球智库指数报告》（*2019 Global Go To Think Tank Index Report*）中对智库定义进行了更新。他指出，"智库是公共政策的研究分析者和参与组织者，智库针对国内和国际问题进行政策研究、分析和建议，从而使决策者和公众能够就公共政策做出明智的决策。"④ 上述定义共同构成了西方学者在智库界定方面的几个关键点，即智库的独立性、非营利性、以公共政策为研究对象、以影响决策为目的。

2. 国内学者对智库的定义

国内智库研究学者对智库的界定与国外学者有所不同，尤其在侧重方向上有较大差异。朱旭峰、苏钰在综合西方学者对智库的定义和特点的基础上，给出了如下定义："智库（思想库）是一种相对稳定的独立于政治体制之外的政策研究和咨询机构。"⑤ 王莉丽在《美国思想库发展历程及面临挑战》一文的开篇提出了智库的概念："智库（思想库）是指从事公共政策研究的非营利组织，其目标客户是政策制定者和社会大众，思想库力图通过各种传播渠道影响公共政策的制定和社会舆论。思想库不以营利为目

---

① Kent Weaver. The Changing World of Think Tanks [J]. PS: Political Science & Politics, 1989.

② Diane Stone. Think Tank Transnationalisation and Non-profit Analysis, Advice and Advocacy [J]. Global Society, 2020, 14（2）: 153-172.

③ John Goodman. What is a Think Tank? [EB/OL] [2020-02-23] .https://www.atlasnetwork.org/assets/uploads/misc/chapter-3-what-is-athink-tank-goodman.pdf.

④ James G. McGann.2019 Global Go To Think Tank Index Report [EB/OL] 2020-06-18 [2020-09-07] .https://repository.upenn.edu/think_tanks/17/.

⑤ 朱旭峰，苏钰.西方思想库对公共政策的影响力——基于社会结构的影响力分析框架构建 [J].世界经济与政治, 2004（12）: 21-26, 4-5.

的，而以是否影响了决策为最终目标。"①

以上两个研究成果以西方智库为研究对象，对智库的定义是基于西方智库的发展视角给出的，强调智库的独立性和非营利性。国内视角下的智库定义则有所不同，以下两个定义较具权威性和代表性。

薛澜、朱旭峰基于对国外学者提出的智库定义的梳理和分析，提出中国智库（思想库）的定义："智库（思想库）是一种相对稳定且独立运作的政策研究和咨询机构。"②该定义包含了4个要素，即智库以政策研究机构为本体，以影响政策为目标，具有独立地位和相对稳定的状态。

徐晓虎、陈圻则根据智库的发展历程和客观规律，提出"智库是一种专门为公共政策和公共决策服务，开展公共政策和公共决策研究和咨询的社会组织"。此外，两位研究者结合中外智库发展的实际情况，认为智库的本质并不在于非营利性和独立性，而在于提供高质量的思想产品。③这一观点与薛澜、朱旭峰二人在智库独立性和非营利性方面的研究结论不谋而合——中国智库至少应该具有独立的运作权力，将智库的非营利性进行严格的规定，特别是在中国，是不必要的。

二　本书对新闻出版行业智库的界定及分类

（一）新闻出版行业智库的界定

本研究认为，智库在功能及定位上与一般研究机构和咨询机构存在本质区别。智库不同于一般研究机构，智库针对现实问题、重点问题进行研究，为政府部门提供策略性建议，以影响政府决策为研究目标。与理论研究和学术研究相比，智库研究更注重结果"有用"。智库也不同于咨询机构，咨询机构为企业提供战略方案，帮助企业解决内部管理和经营问题；智库则处于更高的格局，着眼于宏观和长远的公共政策问题，在研究主题的选定、研究结果的呈现等方面有一定独立性。归根结底，政策研究及决策咨询是智库最根本、最核心的功能，只有具备这一功能的研究机构才能被认定为智库。

然而随着社会发展，智库的功能也在不断发生变化，服务对象由决策核心向外围

① 王莉丽.美国思想库发展历程及面临挑战 [J].红旗文稿, 2009 (14): 33-36.
② 薛澜, 朱旭峰."中国思想库"：涵义, 分类与研究展望 [J].科学学研究, 2006 (03): 321-327.
③ 徐晓虎, 陈圻.智库发展历程及前景展望 [J].中国科技论坛, 2012 (07): 63-68.

扩展，服务形式由单一向多元化发展，包括为社会、企事业单位提供决策支撑与运营管理支持，通过出版论著、发表评论、接受采访等多种方式，对社会公众进行政策解读、普及等。[①]功能的向外延伸，是目前我国智库发展的总体趋势。

《关于加快新闻出版行业智库建设的指导意见》提出，新闻出版行业智库应具备决策服务功能、行业服务功能、社会服务功能。核心功能是面向体制改革、产业政策制定、产业结构调整、重大工程项目设计实施等进行研究，提出咨询建议，开展科学评估，进行预测预判，在国家战略、规划、布局、政策等方面发挥重要建设性作用。行业服务功能是对行业全局性、方向性、前沿性重大实践、现实问题和热点难点问题等开展研究，引领行业发展。社会服务功能包括围绕行业技术发展趋势、产业优化升级、新兴出版与传统出版融合发展等开展研究，为出版单位转型升级、业务创新提供智力支持；通过媒体发声引导社会舆论等。上述功能共同构成智库功能的圈层结构（见图1-1）。随着智库的功能向外延展，智库功能的资政色彩逐渐减弱。

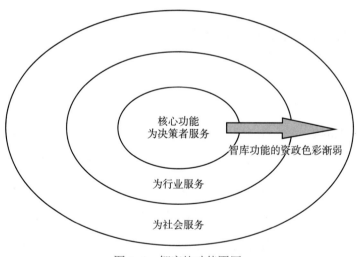

图1-1　智库的功能圈层

结合现有智库界定，本研究对新闻出版行业智库界定如下：狭义上来说，新闻出版行业智库是以新闻出版领域的公共政策为研究对象，以影响政府在新闻出版领域的

① 魏登才.论新型智库核心竞争力三要素［N］.中国社会科学报，2018-05-03（002）：4-6.

决策为研究目标的研究机构。广义上来说，新闻出版行业智库是从事新闻出版领域公共政策研究，或由新闻出版单位主办的具有资政功能的研究机构。广义上的智库界定范围较为宽泛，本研究基于这一界定展开。

（二）新闻出版行业智库的分类

1.按机构属性分类

目前，中国特色新型智库和新闻出版行业智库的主流分类方式主要依据的是智库的机构属性。详细分类如表1-1所示。

表1-1　现有智库分类汇总

分类对象	出处类型	出处	分类内容
中国特色新型智库	政策文件	《关于加强中国特色新型智库建设的意见》	6类：社科院和党校行政学院智库、高校智库、科技创新智库和企业智库、社会智库、国家高端智库、中央和国家机关所属政策研究机构
	智库名录	"中国智库索引"（南京大学中国智库研究与评价中心）	10类：党政部门智库、社科院智库、党校行政学院智库、高校智库、军队智库、科研院所智库、企业智库、社会智库、传媒智库、平台型智库
		《中国智库名录No.3》（社会科学文献出版社）	5类：政府部门智库、科研院所智库、高校智库、社会智库、合作智库
	智库报告	《2018中国智库报告》（上海社会科学院）	8类：部委直属事业单位智库、地方党校（行政学院）、地方政研智库、地方社科院、高校智库、高校智库（特色）、社会智库、企业智库
		《中国智库综合评价AMI研究报告（2017）》（中国社会科学院）	7类：党校、地方社科院、地方政府智库、部委智库、高校智库、企业智库、社会智库
新闻出版行业智库	政策文件	《关于加快新闻出版行业智库建设的指导意见》	3类：行业智库、专业智库、媒体智库
	研究成果	《"中国思想库"：涵义、分类与研究展现》（薛澜、朱旭峰）	4类：事业单位法人型思想库、企业型思想库、民办非企业单位法人型思想库、大学下属型思想库
		《中国特色新型出版智库建设：经验坐标与核心要义》（张志强、尹召凯）	4类：政府智库、高校智库、企业智库、社会智库

结合主流分类和新闻出版行业实际情况，我们将新闻出版行业智库分为5类：党政部门智库、科研院所智库、高校智库、媒体智库、社会智库。党政部门智库是存在于党政系统内部，为各级领导提供决策服务的智库机构。科研院所智库包括社科院智库和其他科研院所智库，多数是事业单位，独立于政府体系。本研究界定的高校

智库主要指高校新闻出版方向的院系，以及隶属于高校却独立于院系的从事新闻出版政策研究的机构。有研究者认为，不宜将高校的新闻传播类学院及部分学院设立的出版研究院（所、中心）视为智库，因为这些研究机构的主要功能是出版基础理论研究、出版历史研究以及人才培养，本质上是学术机构和教育机构。[①] 然而从实际情况来看，部分高校研究机构在资政建言、重大课题研究、成果出版等方面确实发挥了智库功能。如武汉大学新闻与传播学院利用学术资源优势，为中宣部、原国家新闻出版广电总局、湖北省委宣传部等提供多样化的决策咨询和参考。不可否认，高校的本职功能是教育教学，但其中一些高校研究机构具有智库的部分功能，对于这些智库，本研究将其划入高校智库范围。媒体智库指由新闻出版企业建立的智库，以媒体资源为依托。社会智库是由社会力量创办，以新闻出版领域战略问题和公共政策为主要研究对象的智库，组织形式有社会团体、社会服务机构、基金会等，具有法人资格。除此以外，还有一些出版行业组织，如中国出版协会、中国期刊协会、中国书刊发行业协会、中国编辑学会等，具有智库的某些功能。[②]

2.按研究领域分类

在广义的新闻出版行业智库界定语境下，本研究依据智库的研究领域，将智库分为研究新闻出版行业的智库和新闻出版单位主办的智库。这两种智库在研究方向、研究目的、机构属性等方面存在差异（见表1-2）。

表1-2　新闻出版行业智库分类及特点

智库类别	研究方向	研究目的	机构属性
研究新闻出版行业的智库	新闻出版领域	服务政府在新闻出版领域的决策	大多由科研院所或高校主办，另有少数是政府部门的直属研究机构
新闻出版单位主办的智库	新闻出版单位所在的垂直领域	服务政府在新闻出版单位所在的垂直领域的决策	由新闻出版单位主办或主管

研究新闻出版行业的智库是指以新闻出版领域的战略问题和公共政策为主要研究对象，以服务政府在新闻出版领域的决策为研究目标的智库。新闻出版单位

---

① 范军, 欧阳敏. 试论中国特色新型出版智库的内涵、功能及展望[J]. 现代出版, 2018（04）：5-9.

② 魏玉山. 关于出版业新型智库建设的思考[J]. 科技与出版, 2017（01）：10-12.

主办的智库是指由新闻出版单位主办或主管的智库。新闻出版单位在长期的出版工作中积累了丰富的信息资源和传播资源，凭借自身资源优势主办智库，或联合具有科研力量优势的研究机构、高校办智库，是比较常见的智库建设方式。这类智库的研究对象以本单位所在垂直领域的战略问题和公共政策为主，如政治、经济、教育等新闻出版行业外的问题，并且以服务政府在该垂直领域的决策为研究目标。

第三节　中国智库发展及研究现状

一　智库发展现状

（一）积极推进新型智库建设

我国智库建设可以追溯到 20 世纪三四十年代，中共中央党校、中国科学院、国务院参事室、中国社会科学院等最早一批智库伴随着新中国的成立诞生。20 世纪五六十年代，地方社会科学院及中国科学院各研究所、各学部、各地分院纷纷成立。从改革开放到 20 世纪 80 年代末，中国智库在相对宽松的政治环境下逐步发展，事业单位型思想库迅速发展，成为政府决策的重要咨询力量。[1]中国新闻出版研究院和各地方社会科学院的新闻传播方向研究所便是在这一时期集中成立的。20 世纪 90 年代初，邓小平南方谈话后，改革开放提速，中国智库再次得到了大踏步的发展，各高校所属的研究机构迅速发展起来。[2]21 世纪以来，中国进入发展的关键时期，中央将决策咨询提到了国家战略高度，我国智库的发展迎来了成熟期。

自 2015 年 1 月，中共中央办公厅、国务院办公厅印发《关于加强中国特色新型智库建设的意见》以来，我国新型智库建设在质和量上取得长足进步，为推进科学民主决策、提升国家治理体系与治理能力现代化水平、增强国家软实力做出了独特贡献。国家高端智库建设试点工作于 2015 年 12 月启动，25 家[3]首批入选国家高端智库建设试点的机构，在经过近 5 年的建设后，在体制机制、服务决策、

---

① 朱旭峰.中国思想库：政策过程中的影响力研究［M］.北京：清华大学出版社，2009：70-74.
② 张骞.新中国成立以来的决策体制演变及智库发展回顾［J］.全国商情，2016（27）：78-81.
③ 在2018年党和国家机构改革中，中共中央党校和国家行政学院的职责整合，组建新的中共中央党校（国家行政学院），25家试点单位遂变更为24家。

舆论引导、对外交流等方面不断探索、改革创新，取得了明显进展，积累了重要经验。①

1.建立管理机制

在管理机制方面，高端智库不断完善智库建设顶层设计，分别制定了一系列制度性文件及管理细则，对智库建设职能定位、组织架构、职责分工、课题管理、成果管理与评价激励、经费管理等做出明确规定；积极构建有利于智库成果产出的激励体系，明确智库决策咨询类成果奖励的原则、范围、标准，落实直接奖励制，奖励高水平智库成果和高端智库人才。

2.改革研究机制

高端智库着力推动研究意识变革，即从学术导向转向问题导向，从偏重理论和方法转向注重政策和操作；将学术思维转变为决策思维，将对策决策研究与基础理论研究有机融合，促进智库研究学理性与政策性的互益相长；探索创新智库研究组织方式，从储备性研究转向快速反应和战略应对相结合。

高端智库积极开展重大问题研究，围绕中央正在做的事情、关注的工作和社会热点难点问题，着力加强对重大现实问题和突出矛盾的对策性研究，加强对国家中长期发展战略问题的前瞻性研究；积极破解发展难题，化解潜在风险，布局未来战略，在国际关系、经济发展等问题研究方面均取得重要成果。

3.强化过程管理

在科研流程管理方面，高端智库以体制机制进行宏观管控，以过程管理进行微观管控，对课题实行全流程、透明化管理；加强与相关决策部门的需求对接，在选题范围和内容上尽量满足其需求，提高服务决策的针对性和实效性；强化过程管理，注重节点管理，狠抓从研究立项到研究展开再到结题评审的关键环节，对成果实施全流程把关，研究水平不断提升。此外，高端智库还积极探索智库研究体系，发展智库理论方法，提高研究成果的科学性、有效性和可靠性。

4.强化人才队伍

在队伍建设方面，高端智库有效统筹资源，打造结构合理的专业化研究队伍。以

---

① 该部分内容整理归纳自：王斯敏，焦德武，张胜，李晓.24家国家高端智库谈三年建设试点经验［N］.光明日报，2019-07-01（10-11）。

智库研究板块首席专家为核心，同时广泛吸收其他研究机构学者、官员等作为高级研究员，以多种形式聚合专业人才共同参与战略咨询研究，发现和培养有潜质的优秀青年人才，强化符合高端科技智库的人才建设价值导向。

5.服务重大决策

在服务决策方面，高端智库充分发挥沟通桥梁作用，建立与决策部门的有效对接，不断拓展与决策部门的常态化工作沟通机制，建立信息沟通、课题合作、研究成果共享、研究成果报送与采纳反馈等机制；积极与有关决策部门共建研究平台，深入开展调研及专题研究，深化课题合作机制，积极承担相关决策部门的重点委托研究任务；开展多形式交流互动，如智库专家走进决策部门提供咨询建议，参与方案制订、合作举办内部座谈会等，提高服务决策的针对性和有效性。在成果报送方面，高端智库不断提高报送时效，注重多渠道精准化推送。各智库聚焦国家重大战略需求主动作为，提交多份有影响力的报告，推动形成相关政策。

6.扩大宣传交流

高端智库着力做好高端智库成果的宣传推广工作，积极行使智库话语权，提升智库研究成果的影响力。一方面，及时向社会公众提供准确、高质量的专业信息；另一方面，构建多层次国际智库合作交流机制，不断拓展国家层面多双边国际交流合作，扩大与深化全球伙伴关系网络，积极发出中国声音，讲好中国故事。

（二）新闻出版行业智库迎来发展机遇期

1.建设种类多样的新闻出版行业智库

在中央政策指导和试点带动下，我国智库建设迎来发展高潮，新闻出版行业智库建设也紧跟其上，部分行业研究机构纷纷向新型智库转型，还有一批出版企业、报业集团、科研机构、高等院校筹办的专业特色智库在 2015 年后集中兴起。

紫金传媒智库成立于 2015 年，是由南京大学所属的社会学院、新闻传播学院、信息管理学院、政府管理学院、法学院等社会科学类院系与江苏省内四大媒体集团，即江苏省广播电视总台（集团）、新华报业传媒集团、凤凰出版集团、江苏有线电视集团共同成立。该智库集中了高校、科研机构和媒体多方面的力量，致力于理论研究和实践探索，利用最新的互联网技术，运用数据收集、挖掘和分析手段，对传统媒体与新媒体舆情做出精准而快速的反应与应对。该智库已经在学术会议举办、课题研究、政策研究、提出决策建议方面做了大量工作，为政府、企事业单位的管理决策提供参考和智力支持。

2015 年 12 月，人民网新媒体智库成立，该智库由人民网和人民在线打造，主要从事互联网大数据与国家治理重大课题调研，以及媒体融合与新媒体传播、舆论环境风险评估、突发公共事件应急管理等领域研究。智库依托人民日报、人民网的品牌和资源优势，深挖"互联网＋"大数据价值，并结合多年研究成果，面向政府机关、事业单位以及大型企业，提供含《网络舆情》杂志、舆情监测、舆情培训、声誉管理、品牌传播、新媒体咨询、大数据平台建设、政务信息化建设和融媒体技术应用在内的综合服务。人民网新媒体智库发布了《财经新媒体移动传播力分析报告》《2019 融媒体中心建设观察报告》等成果，还定期推出内参读物、蓝皮书和学术著作，举办高端智库论坛。

此外，还有以子公司形式建立的新型行业智库。2016 年，北京中地睿知管理咨询有限公司·融智库由地质出版社、知识产权出版社和睿泰集团联合投资设立。中地睿知依托融智库平台，为广大数字出版从业者、数字出版机构提供培训、咨询，以及项目策划、实施、监理和评审等服务，未来还将推出与出版业新技术、新业态相关的年度白皮书系列，为国家宏观决策、政府政策制定、新闻出版行业发展提供智力支持。[①]

2. 成立特色新闻出版行业智库联盟

随着我国智库建设的蓬勃发展，不同专业、不同主题、不同地区的智库在各自领域和地区逐渐形成聚集效应，专业性智库联盟、主题性智库联盟、区域性智库联盟应运而生。联盟的成立为智库提供了跨领域、跨地区的交流合作平台，在打破"智力孤岛"、提升智库间协作创新和政策服务能力方面发挥积极作用。

2017 年 11 月，新闻出版业首个以产业为研究方向的新型智库联盟——新闻出版产业新型智库联盟在北京成立。该智库联盟由国内 18 家从事新闻出版业的出版传媒集团、出版机构、互联网信息服务平台、新闻出版科技公司以及产业创新研究院所、社会智库组织等自愿联合发起，第一届常务理事单位由人民网舆情数据中心、人教数

---

① 刘志伟. 出版发展智库体系正逢契机［N］. 中国出版传媒商报，2016-11-08（002）.

字出版中心、中文天地出版传媒股份有限公司、北京北大方正电子有限公司、四川日报报业集团封面传媒、华闻传媒产业创新研究院、南方舆情数据研究院、健康时报中国健康研究院、商务印书馆全民阅读促进中心 9 家单位组成。[①] 智库联盟成员之间通过聚合科研力量、共享科研资源，开展对重大科研项目的协同研究和对重大专项问题的多角度建言，将能最大限度地发挥行业智库的作用。

3. 开展行业内智库合作交流

智库开展活动的积极性很高，通过举办各类活动增强与其他智库的交流合作，进一步实现了资源共享、协同发展。"新型智库治理暨思想理论传播高峰论坛"由光明日报社、南京大学于 2016 年联合主办，至今已成功举办四届。论坛每年邀请智库管理部门、各级各类智库，就该年度的热点重点问题深入交流；通过若干座谈会、成果编写与发布、线上线下展示等主要环节，充分反映各地智库建设情况与主要研究趋势。

2017 年 1 月 17 日，"网络空间·共识与发展"互联网智库 2017 新春茶聚在北京召开。此次论坛由国家互联网信息办公室、中国互联网发展基金会指导，由中国社会科学院新媒体研究中心、人民网舆情监测室主办，由人民网新媒体智库承办。论坛发布了《人民网新媒体智库新年报告与展望》，重点介绍了人民网新媒体智库在 2016 年的建设情况和研究成果。武汉大学媒体发展研究中心与人民网舆情监测室在论坛期间签署了战略合作协议，双方将搭建学界与业界的沟通桥梁，不断开展深入合作。[②]

融智库主办的中国新闻出版智库高峰论坛至今已连续举办三届。三届论坛分别以"融合创新""新时代·新出版·新动能""推动新闻出版高质量发展，致敬新中国成立 70 周年"为主题，邀请顶级专家学者，就新时代新闻出版业的热点难点问题进行智慧分享与交流，来自全国的新闻出版政府主管部门、行业协会、新闻出版机构、科研院校、技术企业的百余位代表参会。[③]

---

① 人民网. 新闻出版业首个新型智库联盟在京成立［EB/OL］.2017-12-01［2019-12-13］.https://www.sohu.com/a/207739242_114731.

② 人民网. "网络空间·共识与发展"互联网智库 2017 新春茶聚在京召开［EB/OL］.2017-01-18［2019-12-14］.https://finance.huanqiu.com/article/9CaKrnJZSze.

③ 中国网. 第三届中国新闻出版智库高峰论坛召开［EB/OL］.2019-08-01［2019-12-14］.http://news.china.com.cn/2019-08/01/content_75056782.htm.

4. 贡献高质量智库成果

高质量的成果是智库发展的生命线，专业性研究和科学性研究是智库的基本功。近年来，各智库加强科研能力建设，夯实理论研究基础，优化研究队伍，强化研究力量，在科研成果和研究产出方面取得了丰硕成果。

新闻出版行业智库积极承担并完成了一批国家社会科学基金项目、国家自然科学基金项目、国家科技支撑计划项目等国家级科研项目，并完成上级领导部门委托的一批重要课题；在国内外核心期刊发表论文，并出版专著、教材、译著；研究成果获得省部级社会科学研究优秀成果奖、教育部高等学校科学研究优秀成果奖、教育部人文社会科学研究优秀成果奖等各类奖项。

5. 发挥智库资政辅政作用

基础理论研究为对策决策研究提供了储备，科研能力建设为资政能力建设奠定了基础。新闻出版行业智库在做好储备性研究的基础上，积极探索研究成果转化，深度参与政府决策过程，通过多种渠道为决策部门建言献策，在推进科学决策、民主决策，进一步推动新闻出版产业发展中发挥着越来越重要的作用。

各智库通过编印成果简报、工作简报、研究咨询报告等上报相关部委，为政府决策部门提供咨询服务，并获得中央有关部门领导批示；部分智库长期承担着国家和地方关于重大发展问题的咨询、顾问任务；部分智库直接服务主管部门决策，参与法规制定修订工作，以及国家和行业标准、新闻出版业发展规划、文化发展规划纲要等重要文件的起草工作；同时，积极推广科研成果，为各级政府和各企事业单位提供决策咨询服务。

二　中国智库研究现状

（一）智库研究概况及趋势

智库是一种特殊的生产知识和思想的机构，这类机构通过创造性思维生产知识成果，通过运用成果强化决策者的大脑，从而对决策产生有利影响，所以有人直观地把智库比作人的"外脑"，并有"智囊"和"思想库"等叫法。本研究以智库的几种叫法，即"智库""思想库""智囊"为检索词，在中国知网数据库进行检索，检索时间为 2020 年 6 月，共检索到 23573 篇文章，其中以"智库"为主题的文章数量最多（见表 1-3）。从历年发文数量变化趋势可以发现，自 2012 年起，以"智库"为主题的文章数量逐渐超过"思想库""智囊"，且前者的文章数量快速增长（见图 1-2）。由此可见，"智库"这一叫法已成为当前该领域研究者的共识。

表 1-3　主题为"智库""思想库""智囊"的文章数量

单位：篇

主题	智库	思想库	智囊
数量	17687	4219	1667

数据来源：中国知网 CNKI.net。

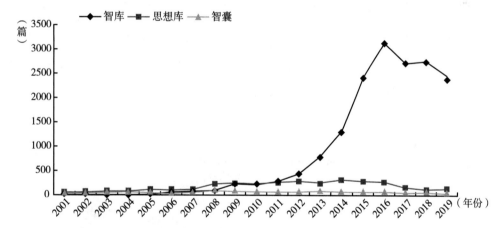

图 1-2　2001~2019 年主题含"智库""思想库""智囊"的文章数量
数据来源：中国知网 CNKI.net。

本研究以"智库"和"中国"共同作为主题词进行检索，得到 2001~2019 年相关文章共计 10888 篇，历年发文数量变化趋势如图 1-3 所示。国内关于中国智库的研究始于 2000 年左右，发文数量在 2013 年前后出现激增。2013 年 4 月，习近平总书记首次提出建设"中国特色新型智库"的目标，将智库发展视为国家软实力的重要组成部分，并提升到国家战略的高度。由此，"适应时代发展，推进中国智库建设"成为最新最热的研究课题之一，围绕中国特色新型智库建设的研究呈现迸发势头。

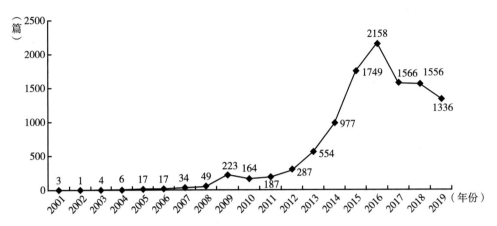

图1-3　2001~2019年主题含"智库"和"中国"的文章数量

数据来源：中国知网 CNKI.net。

关键词共现网络中，"智库建设""新型智库""高校智库"等是主要节点（见图1-4）。从研究内容上看，"中国特色新型智库建设""高校智库建设""中美智库比较"等议题是国内智库研究的热点。此外，关键词共现网络中没有关于新闻出版行业智库的关键词节点，说明相关研究数量还比较少，尚未形成规模和体系。

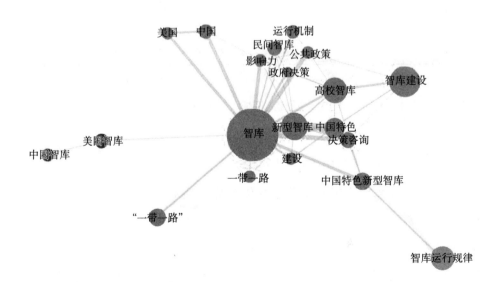

图1-4　2001~2019年主题含"智库"和"中国"的文章关键词共现网络

图片来源：中国知网 CNKI.net。

（二）智库研究热点议题

1. 中国特色新型智库建设

2013 年 4 月，习近平总书记首次提出建设"中国特色新型智库"的目标。智库学界积极回应中央要求，就中国特色新型智库的建设意义、功能定位、发展路径等开展一系列研究，为智库建设奠定了理论基础。

胡鞍钢从参与国际竞争、党和国家重大决策、国内发展等角度全面解释了建设中国特色新型智库的重大意义，提出中国特色新型智库应具有"特""专""新""优"的特征，并结合清华大学国情研究院的智库建设情况，总结了中国智库建设的实践经验。[①]

朱旭峰认为中国特色新型智库研究应坚持国际比较和本土研究并重，从宏观体制、中观模式和微观行动三个方面开展理论研究，重点关注中国智库、决策咨询制度和中国政策决策体系的内在关联，比较不同区域和不同类型智库在发展模式上的异同，明确中国特色新型智库的组织定位，通过研究完善内部治理结构并提升研究方法和政策分析能力。[②]

李凌指出中国特色新型智库的发展趋势是影响力、多元化、国际化和信息化，并给出"加强智库自身建设与营造智库发展环境并重"的政策建议。文章还提到，在未来的发展中，既要发挥各级各类智库的能动作用，实现体制机制创新，又要强化政府的引导以及对决策咨询的支持作用，为智库发展创造良好氛围。[③]

彭宗峰认为加强中国特色新型智库建设，需要从决策咨询体系供给侧的三个层面（智库层面、供给体系层面、制度性安排层面）"三管齐下"，通过改革创新，不断破除制度性障碍，努力构建规范有序、公平竞争、充满活力的决策咨询服务供给体系，进而推动智库产品生产方式的变革。[④]

2. 国外知名智库研究及中外智库比较

2010 年前后，我国智库迎来新的发展阶段，需要深入分析国际经验。研究者通过分析欧美及其他发达国家、地区知名智库的发展状况，归纳其在管理机制、运营机

① 胡鞍钢.建设中国特色新型智库：实践与总结［J］.上海行政学院学报，2014，15（02）：4-11.
② 朱旭峰.构建中国特色新型智库研究的理论框架［J］.理论参考，2015（02）.
③ 李凌.中国智库影响力的实证研究与政策建议［J］.社会科学，2014（04）：4-21.
④ 彭宗峰.以供给侧创新驱动新型智库建设［N］.经济日报，2018-10-25（16）.

制、发展模式、服务策略等方面的特点，总结先进经验，为我国智库发展提出具有参考价值的建议。

吴寄南介绍了日本智库的沿革、现状及其在日本外交政策中扮演的角色，并分析了影响日本智库在外交决策中发挥作用的主要障碍。① 王莉丽对美国智库"旋转门"机制及其主要功能进行了介绍，分析了"旋转门"机制产生的基础，即政治文化创造了思想基础、政治体制提供了旋转空间、相对独立性保证了持续运转。② 安淑新通过研究国外一些与政府关系密切的著名智库，从四个方面对其管理运行机制进行了系统总结和阐述，即人才管理机制、资金筹集机制、研究过程管理机制和成果管理机制，并对国内智库提出了加强内部管理的建议。③ 王辉耀探讨了欧洲、亚洲等地区，以及美国、中国等国家的智库发展模式，并就中国智库的发展提出了"完善中国智库法律和政策，营造有利的发展环境"的建议。④

吴育良通过对国外知名智库信息资源建设、信息服务内容、信息服务策略等方面的介绍和分析，提出中国特色新型智库的信息服务部门应从保障机制、集成平台建设、协同创新、服务成效评估指标体系四个方面来构建智库决策研究信息支持的服务集成。⑤ 方佳比较了美国智库、英国智库和中国智库在分类、作用和特点三方面的差异并提出了启示。⑥ 梁丽、池丽旭、张学福选择国际知名智库作为典型案例，从功能定位、资源要素、管理方式、成果评估、成果宣传、制度保障六个方面，对比分析中外智库的建设情况，由此发现中外智库建设的差异性。⑦

3. 高校智库建设

高校智库是中国特色新型智库的重要组成部分。明确高校智库的内涵，厘清高校智库的发展现状，发现高校智库发展中存在的问题，找到高校智库的定位，探寻高校智库的建设模式，将有助于高校智库的健康发展。

秦惠民、解水青指出我国高校智库具有官方智库和民间智库所不具备的独特优

---

① 吴寄南.浅析智库在日本外交决策中的作用［J］.日本学刊，2008（03）：16–28.
② 王莉丽.美国智库的"旋转门"机制［J］.国际问题研究，2010（02）：13–18.
③ 安淑新.国外智库管理运行机制及对我国的启示［J］.当代经济管理，2011，33（05）：88–92.
④ 王辉耀.中外智库发展模式及特点［J］.中国智库，2013（03）：124–126.
⑤ 吴育良.国外智库信息服务的分析及启示［J］.情报杂志，2015，34（02）：188–193.
⑥ 方佳.中外智库之宏观比较［J］.辽宁广播电视大学学报，2016（02）：1–2.
⑦ 梁丽，池丽旭，张学福.中外典型智库建设比较研究［J］.情报杂志，2018，037（011）：42–46，61.

势，但也存在智库成果的决策贡献率低、社会影响力不强等问题。高校智库要真正体现其价值，根本还在于必须具备足够的服务能力。①

文少保认为服务政府决策是新世纪我国高校智库建设的方向和目标。但高校智库在组织管理体制方面面临一些障碍，导致其研究成果质量不高，难以满足政府决策需求。因此，高校智库应在组织管理体制和运行机制方面进行创新，促进研究成果高质量生产，为政府治理能力现代化的实现提供智力支持。②

周秀平、李健针对重复建设、智库产品国际认可度低、智库品牌的国际影响力薄弱等问题，建议聚焦智库成果质量和智库国际化人才队伍建设，通过优化布局、提升本土智库人才的国际研究能力、完善国际交流机制、创新国际传播机制多元路径，创新中国特色新型高校智库建设模式。③

4. 智库影响力研究及评价

科学合理的智库评价有助于推动智库的健康发展，提高智库的影响力。通过探究智库影响力形成机制、辨析智库影响力构成要素，构建智库评价指标体系，能够以评促建，推进智库高质量发展。

陈媛媛、李刚、关琳从智库影响力的影响因素入手，从两方面对智库影响力评价研究进展进行系统介绍：基于政策过程的智库影响力纵向研究和基于不同政治体制的多国智库影响力横向比较研究。他们对智库影响力评价的评估模型进行分类总结，结合具体实例对目前智库影响力评价研究存在的问题进行分析总结，以探讨智库影响力评价解决方案和未来研究趋势。④

陈升、孟漫根据智库影响对象的不同将智库影响力划分为政策影响力、学术影响力及社会影响力三个维度，选取了中国 39 家智库作为样本，对其影响力进行了测算，并实证分析了智库规模与智库影响力的关系，以及智库性质变量的调节效应与智库产出的中介效应。⑤

① 秦惠民，解水青．我国高校智库建设相关问题及对策研究［J］．中国高校科技，2014（004）：15-20.
② 文少保．高校智库服务政府决策的逻辑起点、难点与策略——国家治理能力现代化的视角［J］．中国高教研究，2015（01）：34-38，44.
③ 周秀平，李健．打造中国特色新型高校智库［J］．社会治理，2018，27（07）：45-49.
④ 陈媛媛，李刚，关琳．中外智库影响力评价研究述评［J］．新疆师范大学学报（哲学社会科学版），2015（04）：35-45.
⑤ 陈升，孟漫．智库影响力及其影响机理研究——基于39个中国智库样本的实证研究［J］．科学学研究，2015（09）：1305-1312.

王艳对智库影响力的内在构成进行了阐述，将智库影响力划分为政策（决策）影响力、学术影响力和舆论影响力三个基本维度，并详细分析了国内智库在三个维度上呈现的焦虑表征。[①]

在智库评价报告方面，目前国内知名度较高的成果有中国社会科学院中国社会科学评价研究院发布的《中国智库综合评价 AMI 研究报告》、上海社会科学院智库研究中心发布的《中国智库报告》、清华大学公共管理学院智库研究中心发布的《智库大数据报告》、四川省社会科学院及中国科学院成都文献情报中心发布的《中华智库影响力报告》、南京大学中国智库研究与评价中心和光明日报智库研究与发布中心发布的《CTTI 来源智库发展报告》等，这些智库报告从不同角度构建了各具特色的评价指标体系。

三 中国新闻出版行业智库研究现状

对于中国特色新型智库建设，新闻出版行业从来没有停止过探索的脚步。2018年，国家新闻出版广电总局出台《关于加快新闻出版行业智库建设的指导意见》（以下简称《意见》），为新闻出版行业智库健康发展提供规范和引导。在此之前，一些业界人士和学界研究者已经就新闻出版行业智库建设的相关问题展开了研究，具有行业前瞻性。

魏玉山在《关于出版业新型智库建设的思考》中简述了对出版业新型智库的认识，在分析出版业新型智库建设现状与存在问题的基础上，阐释关于出版业新型智库建设的思考，最后提出对中国新闻出版研究院新型智库建设的设想。[②]在《用十九大精神指导新闻出版领域智库建设》中，魏玉山提出新闻出版领域新型高端专业智库需要围绕国家急需，确定研究项目；围绕行业需求，形成研究特色；围绕提高决策服务能力，形成新机制。[③]范军认为 2017 年前后的出版智库内涵界定尚模糊，边界不明、功能泛化、新瓶装旧酒的问题比较突出，出版业界和学界不应盲目大建智库、大搞战略

---

① 王艳.繁荣与焦虑：对当前我国智库行业发展的反思——兼谈新闻出版行业智库建设［J］.出版参考，2018，787（09）：7-11.

② 魏玉山.关于出版业新型智库建设的思考［J］.科技与出版，2017（01）：4-6.

③ 魏玉山.用十九大精神指导新闻出版领域智库建设［J］.出版发行研究，2017（12）：1.

研究、抢做重大课题，避免患上"智库病"。[①]张新新梳理了数字出版高端智库建设的总体要求、重点任务、核心范畴和保障措施，结合融智库的情况详细介绍了数字出版高端智库的建设模式和运营模式。[②]

2018 年 3 月《意见》出台以后，围绕我国新闻出版行业智库建设的探讨逐渐丰富起来。聂震宁回顾了改革开放 40 年来我国智库建设的历程。他认为出版行业主要智库机构建设滞后，出版行业智库建设尚未形成合力，市场化出版行业智库建设亟待加强。他对我国出版行业新型智库建设提出三点建议：要进一步提升对出版行业智库建设重要性的认识，要尽快努力形成出版行业智库建设的合力，要积极运用市场手段推动企业型新型智库建设。[③]

范军、欧阳敏认为中国特色新型出版智库建设需要政府与智库共同努力：政府合理布局出版智库体系，健全出版智库的决策制度保障体系；出版智库通过人才交流机制增强自身的研究能力，通过合理定位打造自身特色。[④]

王艳在对智库"影响力焦虑"表征分析的基础上，总结新闻出版行业智库建设的典型经验。她提到新闻出版行业受新媒体技术等因素影响，在智库建设方面存在较大阻力，但新闻出版行业仍在积极探索，各类智库都在根据自己的实际情况打造新型智库。文章最后以中国新闻出版研究院为例，分享其通过多种举措提升智库影响力的经验。[⑤]

蔡雯、蔡秋芃通过文献分析探寻媒体办智库的历史脉络和特点，发现媒体智库存在从内向型研究机构到外向型媒体智库的转变。他们对媒体智库的主体认定、媒体智库化转型的必要性等争议问题进行了思考。[⑥]

张志强、尹召凯梳理了中国特色新型出版智库的发展脉络和基本盘，从"特""新""专""智"四个层面分别阐释了中国特色新型出版智库的核心特征，认为目前出版智库建设呈现概念泛化、结构失衡、影响有限的特点。[⑦]

---

① 范军. 出版智库的"为"与"不为"[J]. 出版科学, 2017（04）：1.

② 张新新. 数字出版高端智库建构综述[J]. 科技与出版, 2017（01）：17-23.

③ 聂震宁. 我国出版行业智库建设的历史与现实研究[J]. 出版参考, 2018（09）：5-6.

④ 范军, 欧阳敏. 试论中国特色新型出版智库的内涵、功能及展望[J]. 现代出版, 2018（04）：5-9.

⑤ 王艳. 繁荣与焦虑：对当前我国智库行业发展的反思——兼谈新闻出版行业智库建设[J]. 出版参考, 2018, 787（09）：7-11.

⑥ 蔡雯, 蔡秋芃. 媒体办智库：转型期的实践探索和理论发展——对 2008~2018 年媒体智库及相关研究的分析[J]. 国际新闻界, 2019, 41（11）：127-141.

⑦ 张志强, 尹召凯. 中国特色新型出版智库建设：经验坐标与核心要义[J]. 现代出版, 2020, 000（001）：41-46, 84.

第二章

中国新闻出版行业智库评价对象及指标体系

第一节　评价对象及筛选步骤

本研究根据第一章对新闻出版行业智库的界定与分类，筛选研究新闻出版行业的智库和新闻出版单位主办的智库，并在此基础上确定本研究的评价对象。

筛选步骤分为两轮：第一轮从各大现有智库名录中筛选出新闻出版行业智库；第二轮以国家社会科学基金项目获批情况和核心期刊发文情况为依据，对新闻出版行业智库名单进行补充。最后，选取第一轮筛选出的全部智库与第二轮补充筛选中排名靠前的智库，构成本研究的评价对象（见图2-1）。

一　选定智库备选池

（一）智库备选池综述

要确定评价对象，首先要确定筛选范围，即智库备选池。本研究以具有权威性、收录范围较广、知名度较高的智库名录、试点单位名单及智库评价报告为来源，将其中收录或上榜的全部智库汇集为智库备选池，作为本研究的目标智库来源。现有备选池来源详见表2-1。本研究将备选池来源中收录或上榜的智库整理成名单，对名单中的智库名称进行规范化处理，并在此基础上去除重复智库，共得到1400余家智库，以此作为本研究的智库备选池。

各智库名录收录智库数量差距比较大的原因主要有两点。一是各名录的智库收集

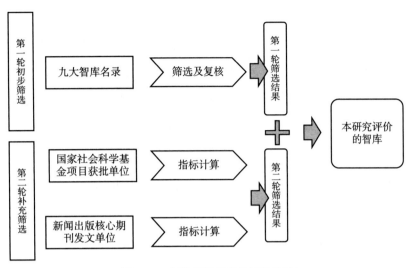

图 2-1　本研究评价对象筛选步骤

表 2-1　现有智库备选池来源

序号	来源类型	来源名称	发布机构	收录智库数量（家）
1	智库名录	《中国智库名录 No.3》	社会科学文献出版社皮书研究院	1391
2		中国智库索引	南京大学中国智库研究与评价中心、光明日报智库研究与发布中心	837
3		智库中国——智库名录	智库中国（think.china.com.cn）	168
4		中国智库网——中国智库	中国智库网（www.chinathinktanks.org.cn）	60
5	试点单位名单	首批国家高端智库建设试点单位名单	国务院	24
6	智库评价报告	《中国智库综合评价 AMI 研究报告（2017）》	中国社会科学院中国社会科学评价研究院	166
7		《2018 中国智库报告》	上海社会科学院智库研究中心	194
8		《智库大数据报告（2018）》	清华大学公共管理学院智库研究中心	234
9		《中华智库影响力报告（2018）》	四川省社会科学院、中国科学院成都文献情报中心	75

注：表中来源为截至 2020 年 6 月 30 日已公开发布且可获取到的最新版本。其中《中国智库报告》《智库大数据报告》《中华智库影响力报告》均在 2020 年上半年发布了 2019 版，但均未正式出版，也没有通过其他渠道发布全文，故本研究采用了上述报告 2018 版中的上榜智库。

途径和来源不同。如社会科学文献出版社《中国智库名录 No.3》的信息来源以智库官网、网络等公开渠道和机构调查数据为主，收集范围最广；中国智库索引的数据全部来自智库主动填报；中国智库网收录的智库由全国政策咨询信息交流协作机制成员单位和特别成员单位建成。二是各名录、报告对智库的界定不一。不同概念界定对其中属性因素的取舍，将影响其划定的智库范围。比如，《中国智库名录 No.3》的编者认为能够承担智库类项目、有智库成果、具备一定影响力的非实体机构就可以被归为智库，所以在智库的实体、非实体认定上比较宽松，而有的成果就严格限定了智库必须为实体机构。

（二）智库名录类备选池概况

1. 社会科学文献出版社——《中国智库名录No. 3》

（1）机构简介

社会科学文献出版社长期致力于智库产品的整合和传播。党的十八大以后，为贯彻落实习近平总书记关于中国特色新型智库建设的系列讲话精神，为在中国特色新型智库建设中做出更多贡献，社会科学文献出版社设立"中国智库建设研究"课题组，对中国智库进行全面调查和研究，依据《关于加强中国特色新型智库建设的意见》等文件精神，确定智库认定标准，全方位采集公开信息资料，建立中国智库数据库。目前已出版《中国智库名录（2015）》《中国智库名录（2016）》《中国智库名录 No.3》三部名录。

（2）收录概况

在《中国智库名录》中，智库指公共事务决策咨询机构，独立于决策部门，对政治、经济、外交、国防、科技、社会等方面的问题进行专题研究，为决策机构估计形势、确定目标、制定政策提供建设性的决策依据和决策方案，并进行决策评估和政策解读。"内脑"（如国务院研究室）及以学术研究、教学、培训、管理咨询等为主的机构不属于名录定义的智库。该名录以人文社会科学类研究机构为主，兼顾部分科学技术、工程类研究机构。

该名录收录的范围包括：党政系统省部级以上机构所属智库，国家级科研院所智库，高校校级以上智库及其他高校智库，社会团体、民办非企业、企业智库，合作智库，高端智库，平台智库，智库研究与评价机构，以及其他有较大社会影响力的研创团队智库。是否为实体不是该名录收录的绝对标准，因为部分非实体机构，特别是实体机构设立的非实体部门，通过完成委托项目、提供政策建议、上级机构（或人员所在单位）支持、国际资助等途径获取资金，长期关注特定领域研究，通过协调有实力的相关力量完成了智库成果。另外，该名录未收录港澳台地区的智库。

《中国智库名录 No.3》共收录 1391 家智库，信息主要来源于智库官网、网络等公开渠道和机构调查数据。信息采集截止时间为 2018 年 12 月 1 日。

2. 中国智库索引

（1）平台简介

南京大学中国智库研究与评价中心和光明日报智库研究与发布中心于 2015 年 6 月联合开展"中国智库索引"（Chinese Think Tank Index, CTTI）的研究开发工作。CTTI 于 2016 年 9 月 28 日上线，是国内首个智库垂直搜索引擎和数据管理平台。CTTI 包括机构数据库、专家数据库、机构产品数据库和机构活动数据库四个数据库子集。[①]

（2）收录概况

截至 2020 年 6 月 30 日，中国智库索引平台收录智库机构共 837 家。

3. 智库中国

（1）平台简介

智库中国是一家针对智库的网络媒体平台，积极服务广大智库，与代表着中国顶尖智慧的智库建立友好合作关系，帮助智库的研究成果获得更广泛的传播，取得更大的社会影响力；同时打造密切的智库联盟，促进思想市场的不断完善，进一步推动中国智库的国际化和产业化步伐。[②]

（2）收录概况

智库中国收录国内智库 168 家。[③]

4. 中国智库网

（1）平台简介

中国智库网由国务院发展研究中心主办，由全国政策咨询信息交流协作机制成员

---

① 邹婧雅，冯雅，李刚，王斯敏，张胜等.2018CTTI 来源智库发展报告［EB/OL］.2019-01-04［2019-06-28］.http://topics.gmw.cn/2019-01/04/content_32298751.htm?s=gmwreco2.

② 智库中国.联系我们［EB/OL］.［2019-06-28］.http://www.china.com.cn/opinion/think/node_7252677.htm.

③ 智库中国.智库名录［EB/OL］.［2019-06-28］.http://www.china.com.cn/opinion/think/node_7238392.htm.

单位共同建设，由国务院发展研究中心信息中心承办。

2013年9月，国务院发展研究中心和部分省区市、计划单列市和省会城市发展研究中心（研究室）共同发起建立全国政策咨询信息交流协作机制，并建立"联席会议"制度，旨在促进全国政策咨询信息交流与协作。联合发起单位即"联席会议"成员单位，国务院发展研究中心信息中心为牵头单位。

2014年9月，国务院发展研究中心主任办公会决定建设中国智库网，共建单位为全国政策咨询信息交流协作机制成员单位，以及上海社会科学院、深圳综合开发研究院等。中国智库网的宗旨为"荟萃智库思想、推动智库合作、提升智库成就"。中国智库网致力于搭建以政府系统智库为主体的信息交流与合作平台，促进国务院发展研究中心与各类智库的沟通联系，促进智库之间的交流合作，服务中国特色新型智库建设。①

（2）收录概况

中国智库网收录了中国智库网的共建机构，亦即参加全国政策咨询信息交流协作机制的成员单位智库，共计60家。②

（三）试点单位类备选池概况

国家高端智库建设试点工作会议于2015年12月1日在北京召开，时任中共中央政治局常委、中央书记处书记的刘云山出席并讲话。他强调建设中国特色新型智库是推进国家治理体系和治理能力现代化、提升国家软实力的重要举措，要深入贯彻党中央精神，精心组织试点工作，着力建设一批国家亟需、特色鲜明、制度创新、引领发展的高端智库，推动我国智库建设实现新的发展。

国家高端智库建设试点工作启动会上，公布了24家③入选首批国家高端智库建设试点单位的机构名单。24家智库研究范围涵盖政治、经济、思想、科技、军事、法律、国际等领域。其中9家是党中央、国务院、中央军委直属机构，11家是部委及大学科研机构，1家是地方社会科学院，1家是大型央企直属科研机构；2家是社会智库。

---

① 中国智库网. 关于我们［EB/OL］.［2019-06-28］. http://www.chinathinktanks.org.cn/index/about.
② 中国智库网. 国内机构［EB/OL］.［2019-06-28］. http://www.chinathinktanks.org.cn/content/institution.
③ 在2018年的党和国家机构改革中，中央党校和国家行政学院的职责整合，组建新的中央党校（国家行政学院），25家试点单位遂变更为24家。

（四）智库评价报告类备选池概况

1. 中国社会科学院中国社会科学评价研究院《中国智库综合评价AMI研究报告（2017）》

（1）机构简介

中国社会科学评价研究院在 2013 年 12 月成立的中国社会科学评价中心基础上，于 2017 年 7 月由中编办正式批复成立。

中国社会科学评价研究院是中国社会科学院直属的研究单位，以"制定标准、组织评价、检查监督、保证质量"为主要职责，以制定和完善中国哲学社会科学评价标准，承担和协调中国哲学社会科学学术评价，构建和确立中国特色哲学社会科学评价体系为主要职能。评价中心的主要任务包括：对中国社会科学院创新工程研究成果、人文社会科学期刊进行评价，提交相关报告，举办"全球社会科学评价论坛"，发布《全球智库评价排行榜》等。[①]

（2）《中国智库综合评价 AMI 研究报告（2017）》

《中国智库综合评价 AMI 研究报告（2017）》是由中国社会科学出版社出版、中国社会科学院中国社会科学评价研究院发布的针对中国智库综合素质评价的研究报告。本报告分为总报告和分报告两个部分。总报告以"中国特色新型智库现状、评价及经验总结"为题，详细介绍了中国智库综合评价 AMI 指标体系及系统排名，并对中国特色新型智库的发展现状及经验进行了总结。分报告分为综合性智库、专业性智库、企业智库及社会智库四大类，从不同类型智库角度出发，分别进行评价与排名。[②]

（3）收录概况

《中国智库综合评价 AMI 研究报告（2017）》最终评选出了 166 家智库进入"中国智库综合评价核心智库榜单"。

2. 上海社会科学院智库研究中心《2018中国智库报告》

（1）机构简介

上海社会科学院智库研究中心（Center for Think Tank Studies，CTTS）成立于

① 中国社会科学评价研究院.评价院简介［EB/OL］.［2019-06-28］.http://www.cssn.cn/xspj/zxgk/zxjj/.
② 荆林波等.中国智库综合评价 AMI 研究报告（2017）［M］.北京：中国社会科学出版社，2018.

2009 年，是全国第一家专门开展智库研究的学术机构。中心旨在积极适应现代智库发展新趋势，立足中国实际，紧紧围绕当前智库发展的重大问题，通过国际交流和国内合作，建立与国外重要智库的联系，打造智库研究评价平台，努力成为"智库的智库"，为引导和推进中国特色新型智库建设服务。

2010 年起，智库研究中心和美国宾夕法尼亚大学智库与公民社会项目组（Think Tanks and Civil Societies Program，TTCSP）《全球智库报告》的负责人詹姆斯·麦甘博士建立交流合作机制，中心成员被邀请作为专家参与麦甘主持的《全球智库报告》评选工作。[①]

（2）《中国智库报告》

2013 年，智库研究中心借鉴詹姆斯·麦甘、唐纳德·艾贝尔森等国际智库研究专家的研究方法，研制了中国智库的评价指标体系（"4+1"模型，即决策影响力、学术影响力、社会影响力、国际影响力，以及智库的成长能力）。2014 年 1 月 22 日，中心推出《2013 年中国智库报告》，在国内首次发布中国智库排名，并取得授权同步发布同年《全球智库报告》（中文版），此后每年年初定期发布上一年的《中国智库报告》，至今已连续发布 7 年。

（3）收录概况

《2018 中国智库报告》的智库影响力评价结果包括 5 个大项排名及 2 个大项提名，上榜智库共计 194 家。

3. 清华大学公共管理学院智库研究中心《智库大数据报告（2018）》

（1）机构简介

清华大学公共管理学院智库研究中心（Think Tank Research Center，TTRC）于 2018 年 3 月 19 日成立，主要研究方向包括中国特色新型智库建设、国外智库发展模式、智库评价与智库理论等。

（2）《智库大数据报告》

该报告是清华大学公共管理学院智库研究中心通过大数据评价方法和社交大数据资源对智库活动进行的综合性评价与评级。报告通过对社交媒体上的智库及专

---

① 上海社会科学院智库研究中心 .2018 中国智库报告［R］上海：上海社会科学院智库研究中心，2019。

家言论进行大数据分析，推出了中国智库大数据指数（Chinese Think Tank Big-Data Index，CTTBI）和全球智库大数据指数（Global Think Tank Big-Data Index，GTTBI），公布了对中国智库和全球智库的评价结果。清华大学《智库大数据报告》首次发布于 2016 年，采取年度发布的形式，《中国智库大数据报告（2018）》为该课题的第三本成果。

（3）收录概况

《中国智库大数据报告（2018）》设立了 4 个面向国内智库的影响力排名，上榜智库共计 234 家。

4. 四川省社会科学院、中国科学院成都文献情报中心《中华智库影响力报告（2018）》

（1）机构简介

四川省社会科学院是四川省政府直属的财政全额拨款事业单位，始建于 1978 年 6 月，其前身为四川省社会科学研究院，由原中共四川省委政策研究室与四川省哲学社会科学研究所合并组成；1983 年 4 月经中共四川省委批准更名为四川省社会科学院。截至 2018 年 2 月，四川省社会科学院内设经济研究所、农村发展研究所、新闻传播研究所等 15 个研究所。

中国科学院成都文献情报中心（中国科学院成都图书馆）始建于 1958 年，是中科院文献情报系统的主要组成部分，是中科院文献情报系统的西南地区中心。

（2）《中华智库影响力报告》

该报告是四川省社会科学院与中国科学院成都文献情报中心协同创新的成果，也是目前西部地区首部以大数据为支撑的智库报告，至今已连续发布 4 年。

（3）收录概况

《中华智库影响力报告（2018）》采用主客观数据相结合的评价模式，从决策、专业、舆论、社会和国际影响力 5 个维度，对 2017 年中国内地（大陆）及港澳台地区 480 家各类智库的影响力进行了评价。[①]评价结果包括 3 个大项排名，上榜智库共计 75 家。

---

① 陈淋. 中华智库影响力报告（2018）在蓉发布［EB/OL］.2018-11-25［2019-06-28］.http://scnews.newssc.org/system/20181125/000925082.html.

二 第一轮初步筛选

（一）筛选流程

第一轮初步筛选的流程如表 2-2 所示。

表 2-2　新闻出版行业智库第一轮筛选流程

智库备选池	筛选条件	筛选过程	筛选结果	是否纳入评价对象
表 2-1 展示的 9 个智库来源涉及的 1400 余家智库	智库研究领域筛选：研究领域字段包含"新闻""出版""传播""传媒"中任意一个关键词的智库	研究领域相关性复核：排除与新闻出版学科无关的智库	18 家研究新闻出版行业的智库	是
	智库主办单位筛选：主管或主办单位为国家新闻出版署审批的图书出版单位、报社、期刊社、电子音像出版单位等传统出版单位，及新兴出版单位	—	17 家新闻出版单位主办的智库	否

1.研究领域筛选

本研究先对备选池中智库的研究领域进行关键词筛选，目的是筛选出以新闻出版为研究领域的智库。筛选规则为：研究领域字段[①]包含"新闻""出版""传播""传媒"中任意一个关键词的智库，进入研究新闻出版行业的智库名单。

2.主办单位筛选

本研究接着对未通过研究领域筛选的智库进行主办单位筛选，目的是筛选出新闻出版单位主办的智库。筛选规则为：主管或主办单位[②]为国家新闻出版署审批的图书出版单位、报社、期刊社、电子音像出版单位等传统出版单位，以及具有互联网出版资质的新兴出版单位（如传媒公司、传媒集团等）的智库机构，进入新闻出版单位主办的智库名单。

3.第一轮筛选结果复核及调整

（1）研究领域相关性复核

为尽可能完整地筛选出研究新闻出版行业的智库，我们将第一轮筛选中研究领

---

①② 研究领域、主办单位筛选字段信息参照《中国智库名录 No.3》及中国智库索引。

域字段的筛选条件设置得比较宽泛，所以在这一步，我们需要对筛选结果进行复核，目的是排除结果中与新闻出版行业相关度低的智库。复核过程及结果如表2-3所示。

表2-3　第一轮筛选结果复核过程及结果

智库类型	复核目的	复核内容及对应智库数量	排除原因	复核结果
研究新闻出版行业的智库	去除与新闻出版行业相关性不强的智库	研究领域字段中仅包含：科技传播（2家）、科学传播（1家）、科学交流与传播（1家）	研究领域描述中虽有"传播"，但词语含义为"科普"，与新闻出版学科无关	排除4家
		研究领域字段中仅包含：人口与发展传播（1家）、中国文化国家传播（1家）、文化传播（1家）、传媒法（1家）	实际研究方向与新闻出版学科相关度低	排除4家

（2）机构级别调整

在第一轮筛选结果中，地方社会科学院智库的情况较为特殊。地方社会科学院的定位是地方政府的智囊，以服务地方经济社会发展，为当地政府提供决策服务为主要任务，长期以来注重全面的学科建设，具有完整的学科体系，研究领域覆盖面广，是多学科研究机构的集合体。社会科学院作为典型的综合智库，与规模较小、研究方向专一的新闻出版行业智库相比，二者在研究投入和产出方面存在较大量级差异，不具备可比性。故需对这些综合型的社科院智库进行拆分，将研究对象调整为其下设的新闻出版方向研究机构。机构级别调整结果如表2-4所示。

表2-4　进行机构级别调整的智库

原智库	下设研究机构
安徽省社会科学院	安徽省社会科学院新闻与传播研究所
贵州省社会科学院	贵州省社会科学院传媒与舆情研究所
河北省社会科学院	河北省社会科学院新闻与传播学研究所
四川省社会科学院	四川省社会科学院新闻传播研究所

（二）第一轮筛选结果

以备选池中1400余家智库作为我国新闻出版行业智库筛选的主要来源，依据筛选原则并根据实际情况进行复核和调整后，本研究初步筛选出35家智库。其中，研究新闻出版行业的智库 18 家，新闻出版单位主办的智库 17 家。智库名单如表 2-5、表 2-6 所示。由于新闻出版单位主办的智库研究领域多为其服务的垂直领域，与新闻出版学科相关度较低，故不纳入评价范围。

表 2-5　第一轮筛选复核结果——研究新闻出版行业的智库名单（按智库名称拼音排序）

序号	智库名称	序号	智库名称
1	安徽省社会科学院新闻与传播研究所	10	人民网研究院
2	北京师范大学出版科学研究院	11	四川省社会科学院新闻传播研究所
3	复旦大学国际公共关系研究中心	12	浙江省传播与文化产业研究中心
4	复旦大学新闻传播与媒介化社会研究国家哲学社会科学创新基地	13	中国传媒大学传播研究院
5	复旦大学信息与传播研究中心	14	中国传媒大学国家传播创新研究中心
6	贵州省社会科学院传媒与舆情研究所	15	中国人民大学深圳研究院
7	国家广播电视总局广播影视发展研究中心	16	中国人民大学新闻与社会发展研究中心
8	河北省社会科学院新闻与传播学研究所	17	中国社会科学院新闻与传播研究所
9	人民网新媒体智库	18	中国新闻出版研究院

注：以上智库均纳入评价范围。

表 2-6　第一轮筛选复核结果——新闻出版单位主办的智库名单（按智库名称拼音排序）

序号	智库名称	序号	智库名称
1	21 世纪经济研究院	10	经济日报社中国经济趋势研究院
2	长江教育研究院	11	每经智库
3	创新中国智库	12	南方民间智库
4	第一财经研究院	13	南风窗传媒智库
5	东方智库	14	人民日报区域协同发展智库
6	封面智库	15	社会科学文献出版社皮书研究院
7	凤凰网国际智库	16	新华社舆情研究中心
8	光明日报文化产业研究中心	17	紫金传媒智库
9	光明日报智库研究与发布中心		

注：以上智库均不纳入评价范围。

本研究选定的 9 大名录是目前我国智库研究方面最全面、最权威的智库目录。经过仔细研究筛选，我们发现其中涉及新闻出版行业研究的智库只有 18 家，并将这 18 家智库全部收录进本次研究范围。为更全面地收录现有新闻出版行业智库，我们需要进行第二轮补充筛选。

三　第二轮补充筛选

目前为止，我国对智库没有统一的界定。作为智库备选池来源的 9 个名录和报告，在智库的界定上存在不同，在智库认定及智库个体边界的划定上也存在出入。这可能导致一些具有智库功能的研究机构没有被上述名录及报告认定为智库，从而没有被划进备选池，进而没有被筛选出来。从第一轮筛选结果来看，确实有一些知名度高且对新闻出版行业研究做出过贡献的机构没有出现在筛选结果中。

为尽可能完善本研究的目标选取，我们以智库的核心功能、成果产出为依据进行第二轮筛选，将智库功能突出的新闻出版研究机构筛选出来，作为对第一轮筛选结果的补充。第二轮从两个渠道进行了补充检索与筛选，一是国家社会科学基金项目获批情况，二是在核心期刊上的论文发表情况（见表 2-7）。

表 2-7　新闻出版行业智库第二轮筛选流程

筛选依据及流程	筛选结果
国家社科基金项目获批情况：获批过 2009~2018 年国家社科基金重大项目、年度重点项目、年度一般项目、后期资助项目（新闻学与传播学）的单位	267 家
核心期刊发文情况：从 5 种核心期刊评价体系选出被 3 家以上评价机构收录到新闻学与传播学核心目录里的期刊，共 14 种；统计在这 14 种核心期刊上发表过论文的单位	211 家

（一）以国家社会科学基金项目获批情况为条件筛选

国家社会科学基金于 1986 年经国务院批准设立，是中国在社会科学研究领域支持基础研究的主渠道，面向全国，重点资助具有良好研究条件、研究实力的高等院校和科研机构中的研究人员。国家社会科学基金设有马克思主义·科学社会主义、党史·党建、哲学、理论经济、应用经济学、政治学、社会学、法学、国际问题研究、中国历史、世界历史、考古学、民族问题研究、宗教学、中国文学、外国文学、语言学、新闻学与传播学、图书馆·情报与文献学、人口学、统计学、体育学、管理学 23 个学科规划评审小组，以及教育学、艺术学、军事学三个单列学科，已形成包括重大项目、年度项目、特别委托项目、后期资助项目、西部项目、中华学术外译项目共 6 个类别的立项资助体系。国家社会科学基金自设立以来已累计投入 26.5 亿元资助各类项目24283个，推出研究成果45000多项，其中有3500多项成果获得省部级以上奖励。国家社会科学基金以经济社会发展中的全局性、战略性、前瞻性重大理论和现实问题为主攻方向，并大力促进成果转化应用，对党和政府决策具有重要参谋和咨询作用。党的十六大以来，许多成果被纳入党和国家的有关决策。[①]

作为国家级项目，国家社科基金对项目申报单位的要求较高，一般采取公开竞争的方式择优遴选承担单位。国家社会科学基金项目获批情况能够反映申请单位在重大理论和现实问题上的创新能力和研究能力，以此作为筛选依据符合智库的功能定位要求。

本研究以新闻学与传播学项目获批情况为依据，收集整理了2009~2018年国家社科基金重大项目，年度项目中的重点项目、一般项目及后期资助项目的立项名单。通过立项名单中的获批单位信息可知，2009~2018年获批过新闻学与传播学类国家社科基金重大项目、年度重点项目、年度一般项目及后期资助项目的单位共计267家。这些单位符合我们对新闻出版行业智库的界定。由于篇幅问题，在此仅展示项目获批情况排名前30的智库。

国家社科基金项目获批情况得分的计算方法为项目获批数量乘以项目权重。由于4类项目在申报难易度、项目资助强度等方面存在较大差异，仅以获批数量为依据进行排名有失准确性与科学性，所以需要对这4类项目赋权重。从项目历年资助金额看，重大项目资助金额平均值是年度一般项目的4倍左右，年度重点项目资助金额平均值是年度一般项目的2倍左右，后期资助项目的资助力度与年度一般项目大致相当[②]（见表2-8）。本研究以此为依据，将4类项目权重设置如下：重大项目为4，年度重点项目为2，年度一般项目和后期资助项目为1。

各智库项目获批情况得分计算公式为：项目获批情况得分＝重大项目获批数量×4＋年度重点项目获批数量×2＋年度一般项目获批数量×1＋后期资助项目数量×1。按照此方式计算得出的排名前30的智库名单见表2-9。

---

① 全国哲学社会科学规划办公室. 提高规划管理水平 繁荣哲学社会科学 [EB/OL].2011-04-28[2020-09-28].http://cpc.people.com.cn/GB/219457/219543/14640424.html.

② 数据来源为全国哲学社会科学规划办公室《国家社会科学基金后期资助项目实施办法（暂行）》。

表 2-8　国家社科基金项目资助金额及权重设置

单位：万元

项目类型	资助金额										平均资助金额	与一般项目资助金额的倍数	项目权重
	2009 年	2010 年	2011 年	2012 年	2013 年	2014 年	2015 年	2016 年	2017 年	2018 年			
重大项目	40~80	50~80	60~80	60~80	60~80	80	80	80	80	60~80	72.5	4.26	4
重点项目	15	20	25	25	30	40	35	35	35	35	29.5	1.74	2
一般项目	10	12	15	15	18	20	20	20	20	20	17	—	1
后期资助项目	后期资助项目经费资助力度与一般项目大致相当											1	1

注：（1）计算平均资助金额时，重大项目资助金额区间取中间值；（2）项目权重取各类项目与一般项目资助金额倍数四舍五入后的整数值。

表 2-9　国家社科基金项目获批情况得分排名前 30 的智库名单

排名	智库名称	排名	智库名称
1	中国传媒大学新闻传播学部	16	厦门大学新闻传播学院
2	复旦大学新闻学院	17	西南政法大学新闻传播学院
3	中国人民大学新闻学院	18	四川大学文学与新闻学院
4	南京大学新闻传播学院	19	郑州大学新闻与传播学院
5	清华大学新闻与传播学院	20	中国社会科学院新闻与传播研究所
6	南京师范大学新闻与传播学院	21	广东外语外贸大学新闻与传播学院
7	华中科技大学新闻与信息传播学院	22	新疆大学新闻与传播学院
8	湖南师范大学新闻与传播学院	23	上海外国语大学新闻传播学院
9	武汉大学新闻与传播学院	24	北京印刷学院新闻出版学院
10	上海交通大学媒体与传播学院	25	河北大学新闻传播学院
11	暨南大学新闻与传播学院	26	新华通讯社
12	安徽大学新闻传播学院	27	湖南大学新闻与传播学院
13	浙江大学传媒与国际文化学院	28	华南理工大学新闻与传播学院
14	华东师范大学传播学院	29	深圳大学传播学院
15	南昌大学新闻与传播学院	30	华中师范大学新闻传播学院

（二）以在核心期刊上的论文发表情况为条件筛选

核心期刊发文量可一定程度反映智库机构的学术影响力。因此，本研究将其作为智库筛选的指标之一。关于核心期刊本身，目前共有 5 种评价体系，即《中国科技期刊引证报告（核心版）社会科学卷》《中国学术期刊评价研究报告（武大版）》《中国人文社会科学期刊 AMI 综合评价报告》《中文社会科学引文索引（CSSCI）来源期刊目录》《中文核心期刊要目总览》。考虑到 5 种评价体系的指标维度各有不同，所反映的核心期刊数量、种类存在差异，如采用交集方式选取，将导致核心期刊范围过窄；如采用并集方式选取，将导致核心期刊范围过宽。我们研究后决定把被 3 家以上评价机构收录到核心目录里的期刊，作为第二轮补充筛选中参与统计的核心期刊，筛选出的 14 种核心期刊见表 2-10。

表 2-10　核心期刊选取过程及结果

序号	期刊名称	期刊评价体系					
		北京大学《中文核心期刊要目总览（2017年版）》	南京大学《CSSCI来源期刊目录（2017~2018）》	中国社会科学评价研究院《中国人文社会科学期刊AMI综合评价报告（2018年）》	武汉大学中国科学评价研究中心《中国学术期刊评价研究报告（武大版）（2017~2018）》	中国科学技术信息研究所《中国科技期刊引证报告（核心版）社会科学卷2018年版》	被3家以上评价机构评为"核心/权威/来源期刊"
1	中国科技期刊研究	√	√	√	√	√	√
2	新闻与传播研究	√	√	√	√	√	√
3	新闻大学	√	√	√	√	√	√
4	编辑学报	√	√	√	√	√	√
5	现代传播（中国传媒大学学报）	√	√	√	√	√	√
6	编辑之友	√	√	√	√	√	√
7	当代传播	√	√	√	√		√
8	国际新闻界	√	√	√	√		√
9	新闻记者	√	√	√	√		√
10	中国出版	√	√	√			√
11	出版科学	√	√	√			√
12	科技与出版	√	√	√			√
13	新闻界	√			√		√
14	出版发行研究	√	√		√		√
15	现代出版	√	√				
16	新闻爱好者	√			√		
17	新闻与写作	√					
18	中国编辑	√					
19	青年记者	√					
20	传媒	√					
21	出版广角	√					
22	编辑学刊	√					

注：由于 5 种评价体系报告的发布年份不统一，为保证收录结果可相互参照，本研究选取报告发布时间为 2017~2018 年的版本。

核心期刊发文量检索方法为：在中国知网高级检索界面选取学术期刊库，在期刊名称一栏输入核心期刊名称，匹配方式为精确，时间范围为2009~2018年。通过统计发文情况可知，2009~2018年在14种核心期刊上发表过学术论文的单位共计211家。这些单位符合我们对新闻出版行业智库的界定。由于篇幅问题，在此仅展示发文量排名前30的智库（见表2-11）。

表2-11　核心期刊发文量排名前30的智库名单

排名	智库名称	排名	智库名称
1	中国人民大学新闻学院	16	河南大学新闻与传播学院
2	武汉大学新闻与传播学院	17	中华医学会杂志社
3	复旦大学新闻学院	18	厦门大学新闻传播学院
4	中国传媒大学新闻传播学部	19	中山大学传播与设计学院
5	南京大学新闻传播学院	20	陕西师范大学新闻与传播学院
6	四川大学文学与新闻学院	21	华东师范大学传播学院
7	清华大学新闻与传播学院	22	上海大学新闻传播学院
8	北京大学新闻与传播学院	23	重庆大学新闻学院
9	华中科技大学新闻与信息传播学院	24	浙江传媒学院新闻与传播学院
10	暨南大学新闻与传播学院	25	山东大学新闻传播学院
11	浙江大学传媒与国际文化学院	26	中国新闻出版研究院
12	北京师范大学新闻传播学院	27	华中师范大学新闻传播学院
13	华南理工大学新闻与传播学院	28	湖南师范大学新闻与传播学院
14	上海交通大学媒体与传播学院	29	中央财经大学文化与传媒学院
15	北京印刷学院新闻出版学院	30	南京师范大学新闻与传播学院

（三）第二轮筛选结果

在新闻出版行业智库的第二轮补充筛选中，我们通过统计国家社会科学基金项目申报单位的方式搜集到267家智库，通过统计核心期刊发文单位的方式搜集到211家智库，但这两种方式搜集到的智库存在交叉。由于后续计算涉及大量维度，每计算一家智库的具体指标都将消耗大量的精力与时间，因此本研究仅从每种统计方式的结果中取前10家智库进行计算，供大家参考，取并集并去重后共得到13家智库，名单见表2-12。

表 2-12　第二轮筛选确定的部分智库名单（按智库名称拼音排序）

序号	智库名称	序号	智库名称
1	北京大学新闻与传播学院	8	清华大学新闻与传播学院
2	复旦大学新闻学院	9	上海交通大学媒体与传播学院
3	湖南师范大学新闻与传播学院	10	四川大学文学与新闻学院
4	华中科技大学新闻与信息传播学院	11	武汉大学新闻与传播学院
5	暨南大学新闻与传播学院	12	中国传媒大学新闻传播学部
6	南京大学新闻传播学院	13	中国人民大学新闻学院
7	南京师范大学新闻与传播学院		

注：以上智库均纳入评价范围。

四　本研究评价对象

第一轮筛选结果中有 4 家高校智库与第二轮筛选结果中的高校智库存在包含关系：复旦大学国际公共关系研究中心、复旦大学新闻传播与媒介化社会研究国家哲学社会科学创新基地、复旦大学信息与传播研究中心隶属于复旦大学新闻学院，中国传媒大学传播研究院隶属于中国传媒大学新闻传播学部。两轮筛选结果合并去重后，得到本研究最终评价对象，共计 27 家（见表 2-13）。

表 2-13　本研究评价的新闻出版行业智库名单（按智库名称拼音排序）

序号	智库名称	序号	智库名称
1	安徽省社会科学院新闻与传播研究所	15	人民网研究院
2	北京大学新闻与传播学院	16	上海交通大学媒体与传播学院
3	北京师范大学出版科学研究院	17	四川大学文学与新闻学院
4	复旦大学新闻学院	18	四川省社会科学院新闻传播研究所
5	贵州省社会科学院传媒与舆情研究所	19	武汉大学新闻与传播学院
6	国家广播电视总局广播影视发展研究中心	20	浙江省传播与文化产业研究中心
7	河北省社会科学院新闻与传播学研究所	21	中国传媒大学国家传播创新研究中心
8	湖南师范大学新闻与传播学院	22	中国传媒大学新闻传播学部
9	华中科技大学新闻与信息传播学院	23	中国人民大学深圳研究院
10	暨南大学新闻与传播学院	24	中国人民大学新闻学院
11	南京大学新闻传播学院	25	中国人民大学新闻与社会发展研究中心
12	南京师范大学新闻与传播学院	26	中国社会科学院新闻与传播研究所
13	清华大学新闻与传播学院	27	中国新闻出版研究院
14	人民网新媒体智库		

第二节　影响力评价指标体系

我国新闻出版行业智库评价既需要借鉴普遍意义上智库评价研究的成果，也需要结合新闻出版行业的特点，在挖掘新闻出版行业智库的功能需求基础上，探索建立我国新闻出版行业智库的评价方法和指标体系。

一　中国现有智库评价指标体系综述

近年来，我国智库评价逐渐成为新的研究热点，关于智库评价的学术成果层出不穷。国内多个著名智库评价机构在提出评价理论的基础上，开展了对我国智库评价与排名的实践，发布了各自的智库评价体系和评价报告。

目前，我国较权威、知名度较高的 5 个智库评价报告——中国社会科学院中国社会科学评价研究院发布的《中国智库综合评价 AMI 研究报告》、上海社会科学院智库研究中心发布的《中国智库报告》、清华大学公共管理学院智库研究中心发布的《智库大数据报告》、四川省社会科学院及中国科学院成都文献情报中心发布的《中华智库影响力报告》以及南京大学中国智库研究与评价中心和光明日报智库研究与发布中心发布的《CTTI 来源智库发展报告》，从不同研究角度构建了各具特色的评价指标体系。下面我们对这 5 个智库评价报告，从智库评价方法、评价体系两个方面进行归纳比较，以期对我国新闻出版行业智库评价体系的构建带来启示。

（一）评价方法

1. 中国社会科学院《中国智库综合评价AMI研究报告（2017）》

（1）研究方法

该报告采用定量与定性相结合的方法进行智库评价。

（2）数据来源及采集方式

项目组通过邮件、传真、现场发放机构调研问卷，并以电话、实地走访等方式与来源智库建立直接联系。在定量评价方面，该报告以参评智库提交的《中国智库综合评价调研问卷（2017 年版）》数据为基础，汇总调研访谈和参评智库提供的机构相关支撑材料，结合人工信息采集，收集客观评价数据。在定性评价方面，项目组邀请各学科、各领域的专家，从智库内部与外部针对参评智库进行主观评价。

2. 上海社会科学院《2018中国智库报告》

（1）研究方法

该系列报告主要借鉴了美国宾夕法尼亚大学智库研究项目《全球智库报告》采用的主观评价法，在保留其调查问卷和专家评议的基础上增加了实地调研环节。自《2017中国智库报告》开始，课题组进一步尝试了客观数据评价和用户评价法，将智库论文发表和引用情况纳入学术影响力评价指标，将党和国家主要决策咨询成果用户单位对入围智库的打分纳入决策影响力评价指标。《2018中国智库报告》采用定量与定性相结合的方法进行智库评价，其中以定性分析方法为主。

（2）数据来源及采集方式

主观数据评价方面，上海社会科学院智库研究中心通过调查问卷方式，获取到学者、智库专家、决策部门和媒体从业人员对备选池中的智库的主观排序，并邀请党和国家主要决策咨询成果用户单位对入围智库进行打分。

客观数据评价方面，项目组在走访调研国内重要智库、收集中国智库和中国智库评价信息的基础上，查询各智库发表的论文数，以及同时期发表论文被核心期刊引用的情况；同时查询各智库名称在国内外报刊、网站、社交媒体、论坛、博客等出现的频次。

3. 清华大学《智库大数据报告（2018）》

（1）研究方法

该报告采用定量分析的方法对智库进行评价。《智库大数据报告》首次发布于2016年，提出了智库影响力的大数据评价方法，即通过大数据的评价方法来实现对微博、微信、手机APP数据的覆盖，对智库的活动和智库专家的言论在社交媒体里大量无组织的痕迹数据进行回溯、追踪、提取和分析，从而对智库的日常行为活动及影响力进行客观评价。

（2）数据来源及采集方式

该研究所使用的数据来源于包括20万个网站、2100万个活跃微信公众号、2.5亿个活跃微博账户、6155个论坛和307个主流新闻类APP在内的基础大数据平台。该研究以智库微信公众号、智库微博专家以及智库在全部活跃微信空间上的活动痕迹数据为基础，进行智库评价。

4. 四川省社会科学院、中科院成都文献情报中心《中华智库影响力报告（2018）》

（1）研究方法

该报告采用定量分析的方法对智库进行评价。

（2）数据来源及采集方式

"中华智库研究大数据平台"为本报告提供客观数据支撑。基础数据的采集方式有人工采集、自动采集，以及人工采集与自动采集相结合三种。对难以采集且在技术层面有争议的指标，该报告采用问卷调查、专家打分的方式，如决策影响力。此外，公众知晓及认同状况、助力社会发展政策导向、国际声誉这些指标更多体现的是受众的主观感受，也采用了问卷调查的方式。

5. 南京大学《2018CTTI来源智库发展报告》

（1）研究方法

该报告采用定量分析的方法对智库进行评价。

（2）数据来源及采集方式

项目组主要依靠"中国智库索引"新平台（Chinese Think Tank Index Plus, CTTI Plus）系统进行智库数据收集并开展智库评价。CTTI Plus 系统以 MRPAI 测评指标体系的算法为基础，MRPAI 的每个指标均设有计分规则和分值。来源智库需在系统上自行填写信息，智库评价则由系统收录的专家进行评价打分。项目组认为就智库评价而言，专家对智库的主观印象是一个不可或缺的维度。CTTI Plus 系统以邮件通知的方式将待评价智库列表以链接的形式发送给专家，由专家登录系统对智库打分，再由高级用户或系统管理员将主观评价结果与定量评价结果做综合计算。

6. 现有智库评价方法对比

上述智库评价报告所采用的评价方法、数据来源及采集方式如表 2-14 所示。对上述智库评价报告的评价方法进行比较可以发现，多数报告采用的是定量与定性相结合的评价方法，且以定量分析方法为主。一些智库报告在连续多年发布的同时，其评价方法也在不断调整，通过引入定量方法降低主观意愿对结果的影响。

表 2-14　现有智库评价报告采用的评价方法、数据来源及采集方式

报告名称	评价方法	数据来源及采集方式
《中国智库综合评价 AMI 研究报告（2017）》	定量评价为主、定性评价为辅	问卷（机构调研问卷、专家评价问卷） 调研（实地调研、问卷调研、电话调研） 会议（智库交流座谈会、智库专家研讨会） 人工信息采集（第三方数据库资源、网络公开信息及数据、图书文献资料、研究报告）
《2018 中国智库报告》	定性评价为主、定量评价为辅	机构调研问卷 用户打分 实地调研 会议（专家评议会、交流座谈会） 人工信息采集（第三方数据库资源、网络公开信息及数据）
《智库大数据报告（2018）》	定量评价（大数据评价方法）	基础大数据平台（网站、微信公众号、微博账户、论坛、主流新闻类 APP）
《中华智库影响力报告（2018）》	定量评价	中华智库研究大数据平台 问卷调查、专家打分 人工采集数据（智库官方网站，国家科学技术奖励工作办公室，国家自然科学基金委和全国哲学社会科学基金规划办公室，省、自治区、直辖市社科联和科技厅等机构的官方网站等） 机器采集数据（第三方数据库资源、网络公开信息及数据）
《2018CTTI 来源智库发展报告》	定量评价	"中国智库索引"新平台（CTTI Plus） 专家打分

注："评价方法"信息抽取自报告中关于评价方法的说明描述，部分未详细说明测量方法的，系笔者从描述中总结得出。

（二）评价体系

1. 中国社会科学院"中国智库综合评价AMI指标体系"

"中国智库综合评价 AMI 指标体系"主要从吸引力、管理力和影响力三个层次对智库进行评价。吸引力（attractive power）：指中国智库的外部环境，良好的外部环境能够吸引更多的资源，提升评价客体的吸引力；管理力（management power）：指中国智库的管理者管理评价客体、促进评价客体发展的能力；影响力（impact power）：是中国智库的直接表现，是吸引力和管理力水平的最终体现。[①]

"中国智库综合评价 AMI 指标体系"共有四级指标，其中一级指标 3 个、二级

---

① 荆林波等 . 中国智库综合评价 AMI 研究报告（2017）［M］. 北京：中国社会科学出版社，2018.

指标 14 个、三级指标 40 个、四级指标 86 个，未公布各指标的分值及权重设定（见表 2-15）。

表 2-15　中国智库综合评价 AMI 指标

评价指标	评价内容
吸引力	声誉吸引力：机构声誉、成立时间 人才吸引力：人员规模、高端人员占比、留住人才的能力 资金吸引力：资金来源途径、研发经费占比
管理力	战略：战略规划制定 组织：专职联络员设置、规章制定、机构设置 系统：流程规范、信息化建设、人员素质及结构、研究人员产出 风格、价值观：管理风格及导向 技术：研究能力
影响力	政策影响力：成果产出、参与决策咨询情况、成果转化、资政渠道、与政府及决策者的关系 学术影响力：学术成果、学术活动 社会影响力：成果发表及报道情况、社会服务、国内合作、信息公开 国际影响力：国际会议举办及参加情况、成果在国际媒体发表及报道情况、外文成果发表、国外分支机构及人员、外语应用

资料来源：中国社会科学评价研究院《中国智库综合评价 AMI 研究报告（2017）》。

2. 上海社会科学院"中国智库影响力评价指标体系"

该报告对智库的影响力进行评价。评价体系依据约翰·加尔通的社会结构理论，把智库的影响力分解为决策影响力、学术影响力、社会影响力和国际影响力 4 个方面。

该报告认为决策影响力是智库的核心影响力，是智库直接发挥作用与功能的有效途径。智库组织专家群体将专业知识转化为政策语言，通过与决策机构之间建立各种正式和非正式渠道，把对政策的分析、观点和主张传递给政策制定者，以专题调研报告、内部研究报告、决策咨询活动等方式使研究方案成为政策制定与实施的重要参考，在公共政策形成的不同阶段影响决策过程。

学术影响力是支撑公共政策研究权威性、公信力的重要依据，社会影响力是体现智库思想观点传播能力的重要方向。智库专家通过发行专著、撰写报纸文章、建立博客网站等形式，影响学界同仁、媒体与公众对公共问题的看法，牵引社会热点、引发公众热议、引导社会舆论，把潜在的公共问题转化为公共政策需求，从而间接影响决策层。

国际影响力是智库发挥影响力、提高国际话语权的关键。随着中国对外开放的逐步深入，中国与世界的交流日益频繁，越来越多的国内智库特别是致力于国际问题研究的智库，在讨论某些涉及国际双边或多边利益的重大问题时，扮演着在幕后推动双边及多边关系走向"认知共同体"的"助推器"角色，发挥"第二轨道"的独特作用，同时也逐步构建起智库的国际影响力。[①] 此外，该报告将智库成长能力作为附加评价指标。

综上，该报告提出的"中国智库影响力评价指标体系"共有三级指标，一级指标由决策影响力、学术影响力、社会影响力、国际影响力和智库成长能力5个维度构成，下设12个二级指标和32个三级指标，未公布各指标的分值及权重设定（见表2-16）。

表 2-16　中国智库影响力评价指标体系设计 V1.0

一级指标	二级指标	三级指标
决策影响力	1.1 领导批示	国家级领导批示（件／年）、人均批示量
		省部级领导批示（件／年）、人均批示量
	1.2 建言采纳	全国政协、人大及国家部委议案采纳（件／年）、人均采纳量
		地方政协、人大及委办局议案采纳（件／年）、人均采纳量
	1.3 规划起草	组织或参与国家级发展规划研究、起草与评估（件／年）
		组织或参与省部级发展规划研究、起草与评估（件／年）
	1.4 咨询活动	国家级政策咨询会、听证会（人次／年）
		省部级政策咨询会、听证会（人次／年）
学术影响力	2.1 论文著作	人均智库与学术论文发表数（篇／年）
		人均智库与学术论文转载数（篇／年）
		公开出版的论文集或智库报告（册／年）
	2.2 研究项目	国家社科／国家自科重大（重点）项目数（项／年）
		中央和国家交办的研究项目（项／年）
		地方政府交办的研究项目（项／年）
社会影响力	3.1 媒体报道	在国家主流媒体发表评论文章（篇／年）
		在地方主流媒体发表评论文章（篇／年）
		参与主流媒体的访谈类节目（次／年）
		具有重大影响的媒体报道（次／年）
	3.2 网络传播	智库主页累计点击率（次）
		移动公众平台（微信）累计关注度（人次）

[①] 上海社会科学院智库研究中心.2018中国智库报告 [EB/OL].2019-03-22[2019-09-18].http://www.199it.com/archives/849471.html.

续表

一级指标	二级指标	三级指标
国际影响力	4.1 国际合作	理事会/学术委员会中聘请外籍专家的人数占比（%）
		在世界主要国家设立分支机构（是/否）
		与国际智库合作项目数（项）
	4.2 国际传播	在国际主流媒体发表评论文章（篇/年）
		被国际著名智库链接（是/否）
		智库英文名在主要搜索引擎上的搜索量
智库成长能力（参考指标）	5.1 智库属性	智库成立时间
		行政级别（部/厅局/县处/县处级以下）
		研究专业领域
	5.2 资源禀赋	研究人员规模（领军人物、团队结构合理性等）
		研究经费规模（万元/年）
		研究经费来源中财政资助占比（%）

资料来源：上海社会科学院智库研究中心《2018 中国智库报告》。

3. 清华大学"中国智库大数据指数评价指标体系"

《智库大数据报告（2018）》通过对智库及专家言论在社交媒体中的大数据分析，推出了中国智库大数据指数。该指数共有二级指标，一级指标由中国智库微信引用影响力、中国智库微博专家影响力和中国智库微信公众号影响力构成，下设 18 个二级指标，并为每个指标设置了权重（见表 2-17）。

4. 四川省社会科学院、中科院成都文献情报中心"智库影响力评价指标体系"

该评价指标体系是以系统理论为基础，通过解析新型智库的系统特性、重要功能和系统构成，在对智库影响力因素进行辨识，综合运用理论分析法、频度分析法，充分挖掘智库内涵、功能的基础上，结合先验知识和专家经验构建起来的。

该智库影响力评价指标体系包括三级指标，其中一级指标 5 个，分别为决策影响力、舆论影响力、社会影响力、专业影响力和国际影响力。决策影响力是指智库专家参与政策导向、政策制定、政策实施或政策评估，为决策者提供专家意见、辅助决策的能力。舆论影响力是指智库机构或者专家在传播言论过程中影响和改变公众思维、决策和行动的能力。社会影响力是指智库机构或智库专家服务经济社会发展的能力，表现在对公众意识与行为的引导、助力科技进步、帮扶弱势群体等方面。专业影响力是指智库机构或智库专家以专业性、科学性和前瞻性的研究赢得关注和提升公信力的能力。国际影响力是指智库的国际知名度和国际声誉，是智库的学术成果和交流活动在国际产生的影响。项目组对每个指标给出了界定和量化方法，同时报告中说明了采用层次分析法（AHP）进行赋权的计算方法，但并未公布最终各项指标的具体权重（见表2-18）。

表2-17　中国智库大数据指数评价指标体系

一级指标	二级指标	权重
中国智库 微信引用影响力 33.33%	活跃微信空间中引用智库的文章数加总	40%
	活跃微信空间中引用智库的文章阅读数加总	20%
	活跃微信空间中引用智库的文章点赞数加总	20%
	活跃微信空间中引用智库的文章位置重要性（8篇中位置）	20%
中国智库 微博专家影响力 33.33%	专家历史粉丝数加总	40%
	专家当年发博数加总	10%
	专家当年所有博文的转发数加总	20%
	专家当年所有博文的评论比例	10%
	专家当年所有博文的点赞比例	10%
	专家当年所有博文的转发比例	10%
中国智库 微信公众号影响力 33.33%	公众号当年发布文章的数量加总	10%
	公众号当年所有文章的阅读数加总	20%
	公众号当年所有文章的点赞数加总	20%
	公众号发布文章的频次（总发布次数／监测天数；普通公众号每天限发1次，特殊公众号不受此规定限制）	10%
	公众号发布文章的容量（文章数／总发布次数；普通公众号每天限发8篇，特殊公众号不受此规定限制）	10%
	公众号发布文章的头条点赞比例	10%
	公众号发布文章的单篇阅读比例	10%
	公众号发布文章的单篇点赞比例	10%

资料来源：清华大学公共管理学院智库研究中心《智库大数据报告（2018）》。

表 2-18　《中华智库影响力报告（2018）》智库影响力评价指标体系

一级指标	二级、三级指标及特征
决策影响力	政策导向：政策制定和政策评估的能力
舆论影响力	传播平台：智库机构承办网站，智库专家接受媒体采访报道的频度
	传播内容：对突发公共事件的舆论导向，对重要议题的舆论导向
	传播效果：智库官方微博，智库机构官网访问情况
社会影响力	公众影响力：智库机构或专家举办公益性讲座，智库公众知晓及认同状况
	助推发展力：助力社会发展政策导向，智库出版的皮书
	创新支撑力：智库专家获得的专利授权，智库获得的省部级以上奖励
专业影响力	思想启迪能力：顶级专家及精英学者
	知识编码能力：国家级课题立项，智库专家在国内发表的高质量论文，智库专家在国内报纸发表的文章，公开出版的学术专著
	创意扩散能力：智库举办的全国性专业学术会议次数，智库自办刊物
国际影响力	成果影响：科学引文索引和社会科学引文索引收录论文，论文国际总被引
	国际声誉：智库举办的国际会议，国际合作、学术交流和外脑使用

资料来源：四川省社会科学院、中国科学院成都文献情报中心《中华智库影响力报告（2018）》。

5. 南京大学"MRPA测评指标"[①]

项目组通过"中国智库索引"新平台（CTTI Plus）系统进行智库数据收集并开展智库评价。来源智库是 CTTI 系统最核心的组成部分，其遴选过程分为摸底、推荐、评审、审核 4 个步骤，是经有关单位推荐、业内专家评审、在线数据审核等程序遴选后的优秀智库，是中国境内专注于战略、公共政策研究与咨询的非营利性机构。[②] 首批来源智库名单于 2016 年 12 月发布，2017 年又开启了来源智库的增补工作。

在《2018CTTI 来源智库发展报告》中，课题组确定了 5 个一级指标和 24 个二级指标。5 个一级指标分别是 M（治理结构）、R（智库资源）、P（智库成果）、A（智库活动）、I（智库媒体影响力）。该指标被命名为"智库 MRPAI 测评指标"。测评主要基于系统历年累积数据，其中，重点开展了各研究领域智库测评，并对数据填写

---

① 本研究未拿到 MRPAI 测评指标，最终参考 MRPA 测评指标。
② 李刚，王斯敏，陈媛媛.CTTI 智库报告（2017）[M].南京：南京大学出版社，2018：18.

较好的社会智库进行测评分析。[1]MRPA[2] 测评指标共有二级，一级指标 4 个，二级指标 21 个，并且每个指标都设置了计分规则和分值（见表 2-19）。

表 2-19　MRPA 智库测评指标及其赋值

一级指标	二级指标	计分规则	分值
治理结构	理事会（董事会）	有则赋值	15
	学术委员会	有则赋值	10
	咨询/顾问委员会	有则赋值	10
	管理团队/首席专家	有则赋值	10
	国家高端智库	是则赋值	100
智库资源	年度预算	≤ 100 万元	20
		每增加 10 万元赋值	1
	研究人员	≤ 10 人	40
		每增加 1 人赋值	2
	行政人员	≤ 5 人	20
		每增加 1 人赋值	1
	网络资源	有中文门户	20
		有英文门户	8
		有微信公众号	8
		有官方微博	5
		有专门数据采集平台	10
智库成果	单篇内参（无论是否被批示）	按篇赋值	2
	被批示内参	正国级（每条）	30
		副国级（每条）	20
		省部级（每条）	10
		副省部级（每条）	5
	智库主办/承办期刊	每种 CSSCI 来源期刊	20
		每种普通期刊	10
		每种通信/内参集	8
	图书（正式出版）	每种赋值	2
	研究报告	每份赋值	4
	《人民日报》（理论版）、《求是》、《光明日报》	每篇赋值	5

---

① 南京大学中国智库研究与评价中心，光明日报智库研究与发布中心联合课题组 .2018CTTI 来源智库发展报告［N］.光明日报 .2019-01-07（16）.

② 由于笔者没有拿到《2018CTTI 来源智库发展报告》的全文，此处以《2017CTTI 来源智库发展报告》中的 MRPA 测评指标作为参考。

续表

一级指标	二级指标	计分规则	分值
智库成果	论文	CSSCI 来源刊论文（每篇）	1
		SSCI/A&HCI 收录（每篇）	2
		CSCI/EI 收录（每篇）	1
		其他普通论文（每篇）	0.5
	纵向项目	国家社科重大项目 / 教育部重大项目	10
		国家社科重点项目 / 国家自科重点项目	6
		国家社科一般项目 / 青年项目	4
		省部级项目	2
		其他	0.5
	横向项目	每项基本分 2+ 每 10 万元赋值 1 分	—
智库活动	会议	主办、承办全国性会议（每次）	10
		省区市级会议（每次）	5
		国际性会议（每次）	10
		其他会议（每次）	3
	培训	全国性培训活动（每次）	8
		其他培训	2
	调研考察	接受副国级以上领导调研活动（每次）	15
		接受省部级领导 / 专家调研（每次）	5
		接受其他层次领导 / 专家调研（每次）	2
		外出调研考察	1

资料来源：南京大学中国智库研究与评价中心、光明日报智库研究与发布中心《2017CTTI 来源智库发展报告》。

6. 现有智库评价体系对比

通过对比现有智库评价报告的评价体系可以发现，它们的指标设置既存在差异也存在共通之处。如表 2-20 所示，《2018 中国智库报告》《中华智库影响力报告（2018）》只对智库进行影响力方面的评价；《智库大数据报告（2018）》《2018CTTI 来源智库发展报告》将媒体影响力作为智库评价的焦点；《中国智库综合评价 AMI 研究报告（2017）》除影响力评价外，还对智库的吸引力、管理力进行评价，该报告虽然没有公布各项指标的赋值权重，但从四级指标的数量分布上可以看出，智库影响力评价是该指标体系的评价重点（吸引力 13 项、管理力 24 项、影响力 49 项）。

表 2-20　5 个智库评价报告评价体系的指标设置

报告名称	评价体系	指标级数	权重
《中国智库综合评价 AMI 研究报告（2017）》	吸引力（声誉吸引力、人才吸引力、资金吸引力） 管理力（战略、组织、系统、风格、价值观、技术） 影响力（政策影响力、学术影响力、社会影响力、国际影响力）	4 级	无
《2018 中国智库报告》	决策影响力 学术影响力 社会影响力 国际影响力 智库成长能力	3 级	无
《智库大数据报告（2018）》	中国智库微信引用影响力 中国智库微博专家影响力 中国智库微信公众号影响力	2 级	有
《中华智库影响力报告（2018）》	决策影响力 舆论影响力 社会影响力 专业影响力 国际影响力	3 级	有权重计算，但没有展示赋值
《2018CTTI 来源智库发展报告》	治理结构 智库资源 智库成果 智库活动 智库媒体影响力	2 级	有

各报告评价体系在影响力指标方面也存在共性。政策（决策）影响力、社会影响力、国际影响力是共有的评价指标；学术影响力、专业影响力指标的评价目标其实都是智库的成果产出能力，只是名称不同。政策（决策）影响力、学术（专业）影响力、社会影响力、国际影响力，是现有智库影响力评价的核心指标。

此外，上述智库评价体系有一个共同点，即评价对象是不分专业、行业的，参评智库的研究领域涵盖了各行各业，如经济、政法等。所以，这些评价体系在指标设置上必须满足通用性要求。现有评价体系以智库在政策制定过程中的投入、参与活动的情况和被报道的情况作为主要指标。这类指标具有数据易于获取的优点，但观测到的结果较偏向智库的建设情况及知名度。如何测度智库在政策制定过程中的真实影响，仍是一个难题。

二 本研究影响力评价指标体系及说明

朱旭峰基于加尔东的社会结构理论，将智库的影响力分为三个层次：决策（核心）影响力、精英（中心）影响力和大众（边缘）影响力。面对不同层次的政策参与者，智库采用不同的策略：在核心层上，智库将自己的研究成果提供给政府机构的决策者，尽力使决策者理解并采纳自己的政策主张；在中心层上，智库将自己的研究成果展现给其他同行以及其他社会精英，使其支持自己的政策观点，联合其他智库和研究机构一起倡导自己的学术主张，使其政策观点更容易成为中心层的主流观点，从而影响政府的核心决策；在边缘层上，智库通过在大众媒体公开发表自己的观点来影响普通大众关于某个政策的观点。[①]

加尔东的社会结构理论和朱旭峰的智库影响力分层理论是本研究划分新闻出版行业智库影响力层次的重要依据，但综观二者的叙述，我们倾向于把"中心层"改称为"中间层"，由于这一层处于核心层与边缘层之间，这样更便于理解，叙述起来也更为通顺。因此，本研究将新闻出版行业智库影响力层次划分为核心层、中间层及边缘层，结合新闻出版行业特点及智库功能需求，确立政策影响力、学术影响力、社会影响力为新闻出版行业智库影响力评价的三个维度，分别代表智库对政策决策者、行业参与者和大众的影响力。

在智库政策影响力评价中，内参文件上报、获得领导批示、参与政策制定等情况是较常考察的方面，这些行为是智库为实现政策影响力而做的努力的直接体现，能较为直观地反映智库的资政能力。为调查新闻出版行业智库的政策制定参与情况，我们在初期调研阶段面向参评智库开展了问卷调查工作。问卷分为两部分，第一部分为科研单位人员及成果情况调研，第二部分为科研人员参与新闻出版相关政策、规划制定情况调研，分别由智库管理部门及其相关研究人员进行填写，旨在了解各智库及其研究人员参与行业政策制定的具体情况。但在问卷回收及分析的过程中，我们发现调查问卷回收到的数据并不能满足评价需求。与前文分析的现有智库报告不同的是，本研究评价的是单一行业内的智库，调查范围较小，调查对象数量少且指向性明确，所以

---

① 朱旭峰.中国思想库：政策过程中的影响力研究［M］.北京：清华大学出版社，2009：78.

对数据回收方面的要求较高，只有问卷回收率及填写完成度达到较高比例，才能有足够数据进行横向比较。此外，问卷中关于内参、批示和政策制定等情况的反馈效果不佳。最终因问卷回收情况未达到预期要求，有效数据不足，我们放弃采用。

于是我们转变思路，将智库成果作为评价的抓手。智库要实现影响力首先需要输出思想——这里的"思想"主要指蕴含于智库报告、论文、专著中的政策观点，政策观点为政策制定者所了解，对政策制定者的思维产生影响，从而转化为政策。思想的输出主要以"文字"这一显性行为为载体，[①]文字反映了智库的政策观点，智库产品是发挥智库影响力的本体，那么以智库的成果产出作为测度指标，便可以获取和评价智库的政策影响力。

同时，我们充分考虑行业智库评价与综合类智库评价的区别。由于参评智库研究领域相同，所以行业智库评价体系的指标设置与综合类智库的相比可以更具有针对性，这样设置指标也更贴合评价目标，能够更真实地反映情况。

综合以上因素，本研究构建了我国新闻出版行业智库影响力评价指标体系（见表2-21）。该体系通过判断智库成果的政策相关性及前瞻性进行政策影响力评价；通过考察智库新闻出版相关论文的产出力和影响力进行学术影响力评价；通过衡量智库网络媒体曝光度及智库网络传播能力进行社会影响力评价。评价采用的数据完全基于智库公开资料，解决了客观评价法数据收集困难的问题，保证了数据的可获取、易操作；同时采用定量方法，对每个指标给出了可量化的界定和计算方法，保证了数据的真实可信。

表 2-21　我国新闻出版行业智库影响力评价指标体系

一级指标	一级指标权重	二级指标	二级指标权重	三级指标	指标说明
政策影响力	40%	智库成果的政策相关性	30%	—	通过判断成果与行业政策方向的相关程度，得到智库成果的政策相关性
		智库成果的政策前瞻性	70%	—	通过判断成果初版时间及文章发表时间与相关政策发布时间的先后顺序，得到智库成果的政策前瞻性

[①] 朱旭峰. 中国思想库：政策过程中的影响力研究［M］. 北京：清华大学出版社，2009：110.

一级指标	一级指标权重	二级指标	二级指标权重	三级指标	指标说明
学术影响力	30%	智库论文的产出力和影响力	100%	h 指数	近十年新闻出版相关论文的 h 指数
				g 指数	近十年新闻出版相关论文的 g 指数
社会影响力	30%	智库网络媒体曝光度	50%	智库的总网络报道量	近一年搜索引擎能够检索到的关于智库的报道数量
				国内主流网络媒体对智库的报道量	新华网、人民网、光明网关于智库的报道数量
		智库网络传播能力	50%	智库官方网站建设情况及访问量	是否设立官方网站
					使用中国站长工具（seo.chinaz.com）查看各智库官方网站的百度预计流量
				智库移动公众平台建设运营情况	是否注册微博官方账号
					微博官方账号粉丝数
					微博官方账号微博数（条）
					是否注册微信公众号
					微信公众号原创文章数（篇）

在政策影响力方面，从产业变革到政策回应是一个漫长的过程，智库在这其中扮演的就是政策需求方到供给方的"桥梁"和"快速路"的角色。智库的核心价值是通过智力劳动产出思想成果，为政府提出意见建议，对决策产生影响。智库的研究不同于纯粹的学术研究，更关注现实问题和公共政策问题，针对性更强，更具应用价值。更重要的是，智库研究要具备预见能力，先于政策供给方发现问题，提出发展规划和解决方案。所以，我们认为智库的决策建议与行业政策聚焦的方向是否一致，以及是否具有前瞻性，是判断智库是否具有政策影响力的两个重要指标。为评价新闻出版行业智库的政策影响力，我们收集了"十二五"以来发布的所有新闻出版行业政策文件，选择其中产业导向性明显的文件作为比对对象，并抽取政策中与行业发展重点、热点密切相关的主题词，如动漫、游戏等。以政策主题词在智库论著题录信息中的出现频次测度智库成果的政策相关性，以智库论著的初版时间或发表时间与政策发布时间的先后顺序测度智库成果的政策前瞻性。在政策影响力指标中，前瞻性是成果能否

影响政策的重要因素。智库如果不能进行前瞻性、预测性的研究，就只是宣传机构或诠释政策的部门，不能被称为智库。[①]所以，在政策影响力二级指标权重设置方面，我们将政策相关性的权重设置为30%，将政策前瞻性的权重设置为70%。

智库学术影响力反映的是智库学术成果对行业参与者的影响力，被更多研究者认同的观点将成为主流思想，进而上浮至决策层影响决策。智库产出的具有影响力的学术成果越多，其在业界的学术影响力越大。在评价科研人员的学术水平时，h指数常被用于综合考察科研人员论文产出力和影响力。本研究借鉴科研人员学术能力评价概念，用h指数及g指数来测度智库的学术影响力。

智库社会影响力反映的是智库对公众意识与行为引导的能力，智库通过在大众媒体公开发表自己的观点来影响普通大众关于某个政策的认知。本研究将智库社会影响力归纳为智库网络媒体曝光度和智库网络传播能力的综合表现。网络媒体曝光度衡量的是智库的被报道量，反映智库在外部宣传渠道呈现的知名度和活跃程度；网络传播能力衡量的是智库自身宣传渠道的建设及运营状况，反映智库内部的宣传运营能力。二者权重均为50%。

智库综合影响力是政策、学术和社会三个分项影响力的综合表现。在权重设置方面，因为智库的核心价值在于为决策机构提供策略性建议、影响政府决策，所以我们将智库政策影响力的权重设置为40%，学术影响力和社会影响力的权重均设置为30%。智库综合影响力得分为政策影响力、学术影响力和社会影响力三个分项排名分数[②]的加权平均值。计算公式为：综合影响力得分＝政策影响力排名分数×40%＋学术影响力排名分数×30%＋社会影响力排名分数×30%。由于综合影响力得分是用分项排名分数计算得到的，所以得分越低，排名越靠前，综合影响力水平越高。

需要说明的有三点：（1）政策影响力评价侧重智库成果的产业属性。本研究政策影响力评价测度的是智库在新闻出版产业发展重点、热点问题研究上的相关性和前瞻性。评价结果侧重反映智库成果的应用价值与产业属性，与机构在新闻学、出版学等纯学术研究方面的成就无关。（2）测度对象为智库在新闻出版相关领域的研究成果。

---

① 智库中国 . 于洪君：前瞻性研究是智库生命力所在［EB/OL］.2016-06-27［2019-08-15］.http://www.china.com.cn/opinion/think/2016/06/27/content_38751533.htm.

② 排名分数即以排名记为分值。例如，在某排名中，甲排名第一，乙排名第二，则甲的排名分数为1，乙的排名分数为2。这种记分方式适用于基于多个分项排名的综合排名。

由于本研究评价的是智库在新闻出版领域的影响力，所以仅以新闻出版相关的成果作为政策影响力及学术影响力的测度对象。（3）评价对象为研究新闻出版行业的智库。本研究构建的智库影响力评价体系以智库新闻出版方向的成果为依据进行智库评价，所以在参评智库的研究领域方面有所限定。第一轮筛选出的17家新闻出版单位主办的智库，由于研究领域不同，不适用本评价指标，所以本研究仅对27家研究新闻出版行业的智库进行评价。（4）研究成果默认为智库机构的成果。在成果收集过程中我们发现，智库论著大多是以研究者个人名义署名发表的，以单位署名的成果极少。这些个人署名的成果既可能是研究人员立足单位职务产出的研究成果，也可能是研究人员的个人研究成果。由于难以认定成果的实际归属，所以在智库成果收集过程中，我们以智库名称和智库研究人员姓名分别作为检索条件进行搜索，并将检索到的全部成果都认定为智库机构的研究成果。

然而，我们深知对智库进行完美的评价是不可能的，同时认识到本评价方法具有其局限性。由于公共政策的演进十分复杂，一个政策的确立需要经过多道程序，需要众多参与者，所以追踪智库在政策确立过程中的真实作用和影响是复杂且难以实现的。德国汉堡大学政治学教授帕瑞克·克勒纳认为，"数量众多的指标仅仅有助于观测到智库及其成员的产出结果或知名度，即智库提供的中介产品。但是无论从个人还是智库整体层面，这些指标都很少涉及智库对政策过程的真实影响，政策制定者是否实际地运用这些中介产品值得探讨。"[①] 也就是说，智库成果与政策过程的关联是难以确定的。

本研究采用的智库政策影响力评价方法（通过测度智库成果与行业政策的相关性与前瞻性判断），是一种对成果的政策转化过程的概括和高度简化，测量结果不一定能准确代表智库的实际影响，可能更接近于"智库的决策服务能力和素质"。该方法使政策影响力的客观量化变为可能，是我们对影响力测度这一难题的斗胆尝试。

---

① 帕瑞克·克勒纳，韩万渠. 智库概念界定和评价排名：亟待探求的命题 [J]. 中国行政管理，2014（05）：25-28, 33.

第三章
中国新闻出版行业智库影响力评价

关于本章的评价，需要说明的有以下三点:（1）本次评价只是对新闻出版行业智库现状的初步探索性研究，与各单位科研和教学实力无关。（2）由于本次评价仅采用了定量分析方法，没有使用同行评议等定性分析法进行综合评价，故评价结果很可能仅反映了智库机构的某些侧面特征。

第一节　政策影响力评价

智库的核心价值是通过智力劳动产出思想成果，为政府提出意见建议，对决策产生影响。智库的决策建议与行业政策聚焦的方向是否一致，以及是否具有前瞻性，是判断智库是否具有政策影响力的两个重要指标。

一　智库政策影响力测度方法

判断智库著作及文章政策前瞻性的先决条件是判断著作及文章与政策的关联关系，也就是著作及文章的政策相关性。本研究运用题录研究的方法，通过将智库新闻出版相关的成果与新闻出版行业政策的内容进行比较，得到智库每部著作及每篇文章与行业政策方向的相关性判断，进而得到智库全部成果的政策相关性；再将智库的新闻出版成果与对应方向的新闻出版行业政策进行时间上的比较，通过判断著作初版时间及文章发表时间与政策发布时间的先后顺序，得到智库成果的政策前瞻性。具体指标及测度方法如表3-1所示。

表 3-1　智库成果政策相关性及前瞻性的测度方法

政策影响力二级指标	指标说明	测度方法
政策相关性	将智库新闻出版相关著作与新闻出版行业政策进行内容比较，判断每本著作与行业政策方向的相关性，进而得到智库著作的政策相关性	1. 统计每本著作的题录信息（书名、副书名及说明文字、丛书名、内容提要、目录）中各个政策方向主题词的出现频次； 2. 依据每本著作题录信息中各个政策方向主题词的出现频次，给出每本著作 0.2~1 的政策相关性得分； 3. 依据智库著作与相关政策的相似性强弱为相关性得分赋权； 4. 算出智库著作在各个政策方向上的相关性总得分
	将智库新闻出版相关文章与新闻出版行业政策进行内容比较，判断每篇文章与行业政策方向的相关性，进而得到智库文章的政策相关性	1. 统计每篇文章的题录信息（题名、摘要、关键词）中各个政策方向主题词的出现频次； 2. 依据每篇文章题录信息中各个政策方向主题词的出现频次，给出每篇文章 0.2~1 的政策相关性得分； 3. 依据智库文章与相关政策的相似性强弱为相关性得分赋权； 4. 算出智库文章在各个政策方向上的相关性总得分
政策前瞻性	将智库新闻出版行业政策相关著作与对应政策进行时间比较，判断著作初版时间与政策发布时间的前后关系，进而得到智库著作的政策前瞻性	1. 以每本智库著作的初版时间与对应方向的每个政策发布时间进行比较，著作初版时间每先于一个政策的发布时间，则前瞻次数加 1； 2. 加和算出每本智库著作的前瞻次数； 3. 该本智库著作前瞻次数 ÷ 对应方向政策件数 = 该本著作与对应行业政策的前瞻性得分，从而得到每本智库著作前瞻性得分； 4. 合计出每家智库所有著作前瞻性得分之和，即为该智库的著作前瞻性总得分
	将智库新闻出版行业政策相关文章与对应政策进行时间，通过判断文章发表时间与政策发布时间的前后关系，进而得到智库文章的政策前瞻性	1. 以每篇智库文章的发表时间与对应方向的每个政策发布时间进行比较，文章发表时间每先于一个政策的发布时间，则前瞻次数加 1； 2. 加和算出每篇智库文章的前瞻次数； 3. 该篇智库文章前瞻次数 ÷ 对应方向政策件数 = 该篇文章与对应行业政策的前瞻性得分； 4. 计算每家智库所有文章前瞻性得分之和，即为该智库的文章前瞻性总得分

二　智库政策影响力数据采集

（一）新闻出版行业政策采集

1. 采集方法

本研究政策收集时间段为 2011~2018 年，以"十二五"以来发布的新闻出版行业政策文件为收集目标。数据来源为相关政府部门官方网站、搜索引擎检索及其他公开资料。

2. 数据整理

本研究在广泛收集新闻出版行业政策的基础上，对政策文件进行筛选，去掉与新闻出版行业不直接相关的文件、管理性文件，保留产业导向性明显的政策文件，最终获得新闻出版行业政策 45 件（见表 3-2），并从政策文件的名称及主要内容中抽取出政策方向主题词共 22 个。为便于表示，本研究将政策方向主题词设置代码，如表 3-3 所示。

需要说明的是，政策方向主题词抽取自 2011~2018 年发布的新闻出版行业政策，选取的是与行业发展重点、热点密切相关的主题词。此外，在 45 件政策文件中，22 个政策方向的文件数量不是平均分布的，这种数量差异反映出决策部门的关注重点，使 22 个政策方向主题词存在决策关注度的强弱之分。但政策主题方向之间的关系并不影响智库成果与政策的相关性，主题词之间的强弱与智库成果的政策相关性评价没有关系，这一点往往会与著作的政策热度混淆。在评价智库成果的政策相关性时，著作与政策之间的相关性强弱是唯一衡量指标。

表 3-2　2011~2018 年新闻出版行业政策文件汇总

序号	政策方向主题词	发布时间	文件名称	发布部门
1	动漫（4件）	2011 年 12 月 27 日	《关于扶持动漫产业发展增值税营业税政策的通知》	财政部、国家税务总局
2		2012 年 6 月 26 日	《"十二五"时期国家动漫产业发展规划》	文化部
3		2016 年 8 月 1 日	《关于动漫企业进口动漫开发生产用品税收政策的通知》	财政部、海关总署、国家税务总局
4		2018 年 4 月 19 日	《关于延续动漫产业增值税政策的通知》	财政部、税务总局
5	网络文学（3件）	2014 年 12 月 18 日	《关于推动网络文学健康发展的指导意见》	国家新闻出版广电总局
6		2016 年 11 月 4 日	《关于加强网络文学作品版权管理的通知》	国家版权局
7		2017 年 6 月 26 日	《关于印发〈网络文学出版服务单位社会效益评估试行办法〉的通知》	国家新闻出版广电总局
8	音乐（1件）	2015 年 12 月 1 日	《关于大力推进我国音乐产业发展的若干意见》	国家新闻出版广电总局
9	游戏（4件）	2016 年 5 月 24 日	《关于移动游戏出版服务管理的通知》	国家新闻出版广电总局办公厅
10		2016 年 11 月 4 日	《关于实施"中国原创游戏精品出版工程"的通知》	国家新闻出版广电总局办公厅

序号	政策方向主题词	发布时间	文件名称	发布部门
11	游戏（4件）	2016年12月1日	《关于规范网络游戏运营加强事中事后监管工作的通知》	文化部
12		2017年12月15日	《网络游戏管理暂行办法》（2017年修订）	文化部
13	数字出版（3件）	2011年4月20日	《新闻出版业数字出版"十二五"时期发展规划》	新闻出版总署
14		2013年12月30日	《关于加强数字出版内容投送平台建设和管理的指导意见》	国家新闻出版广电总局
15		2016年6月27日	《新闻出版业数字出版"十三五"时期发展规划》	国家新闻出版广电总局
16	新闻出版业（6件）	2011年4月20日	《新闻出版业"十二五"时期发展规划》	新闻出版总署
17		2011年4月20日	《新闻出版业科技"十二五"时期发展规划》	新闻出版总署
18		2014年10月1日	《深化新闻出版体制改革实施方案》	国家新闻出版广电总局
19		2016年10月13日	《关于加快新闻出版业实验室建设的指导意见》	国家新闻出版广电总局
20		2017年9月20日	《新闻出版广播影视"十三五"发展规划》	国家新闻出版广电总局改革办公室
21		2018年2月13日	《关于印发〈新闻出版广播影视企业版权资产管理工作指引（试行）〉的通知》	国家新闻出版广电总局改革办公室
22	数字化转型升级（2件）	2014年4月24日	《关于推动新闻出版业数字化转型升级的指导意见》	国家新闻出版广电总局、财政部
23		2017年3月17日	《关于深化新闻出版业数字化转型升级工作的通知》	国家新闻出版广电总局、财政部
24	版权（3件）	2011年4月20日	《版权工作"十二五"规划》	国家版权局
25		2015年4月17日	《关于规范网络转载版权秩序的通知》	国家版权局
26		2017年1月25日	《版权工作"十三五"规划》	国家版权局
27	知识产权（1件）	2014年12月10日	《深入实施国家知识产权战略行动计划（2014~2020年）》	国务院办公厅转发
28	全民阅读（2件）	2016年12月27日	《全民阅读"十三五"时期发展规划》	国家新闻出版广电总局
29		2017年6月1日	《全民阅读促进条例》	国家新闻出版广电总局
30	融合发展（1件）	2015年4月9日	《关于推动传统媒体和新兴媒体融合发展的指导意见》	国家新闻出版广电总局、财政部
31	实体书店（1件）	2016年6月16日	《关于支持实体书店发展的指导意见》	中宣部、国家新闻出版广电总局、国家发展和改革委员会、教育部、财政部、住房和城乡建设部、商务部、文化部、中国人民银行、国家税务总局、国家工商总局

续表

序号	政策方向主题词	发布时间	文件名称	发布部门
32	进口备案（1件）	2017年1月22日	《出版物进口备案管理办法》	国家新闻出版广电总局、财政部
33	集团改革（1件）	2012年2月27日	《关于加快出版传媒集团改革发展的指导意见》	新闻出版总署
34	民间资本（1件）	2012年6月29日	《关于支持民间资本参与出版经营活动的实施细则》	新闻出版总署
35	采编（1件）	2017年8月2日	《关于规范报刊单位及其所办新媒体采编管理的通知》	国家新闻出版广电总局
36	互联网新闻（2件）	2017年5月2日	《互联网新闻信息服务管理规定》	国家互联网信息办公室
37		2017年10月30日	《互联网新闻信息服务单位内容管理从业人员管理办法》	国家互联网信息办公室
38	网络出版（1件）	2016年2月4日	《网络出版服务管理规定》	国家新闻出版广电总局、工业和信息化部
39	出版物（1件）	2016年5月17日	《"十三五"国家重点图书、音像、电子出版物出版规划》	国家新闻出版广电总局
40	文化创意（1件）	2014年2月26日	《国务院关于推进文化创意和设计服务与相关产业融合发展的若干意见》	国务院
41	文化发展（1件）	2017年5月7日	《国家"十三五"时期文化发展改革规划纲要》	中共中央办公厅、国务院办公厅
42	文化体制改革（4件）	2011年10月18日	《中共中央关于深化文化体制改革、推动社会主义文化大发展大繁荣若干重大问题的决定》	中国共产党第十七届中央委员会第六次全体会议通过
43		2012年2月15日	《国家"十二五"时期文化改革发展规划纲要》	中共中央办公厅、国务院办公厅
44		2014年4月16日	《关于印发文化体制改革中经营性文化事业单位转制为企业和进一步支持文化企业发展两个规定的通知》	国务院办公厅
45		2016年9月21日	《关于印发文化体制改革试点中支持文化产业发展和经营性文化事业单位转制为企业的两个规定的通知》	国务院办公厅

表 3-3　政策方向主题词及代码

序号	主题词	代码	序号	主题词	代码
1	动漫	A	12	实体书店	L
2	网络文学	B	13	进口备案	M
3	音乐	C	14	集团改革	N
4	游戏	D	15	民间资本	O
5	数字出版	E	16	采编	P
6	新闻出版业	F	17	互联网新闻	Q
7	数字化转型升级	G	18	网络出版	R
8	版权	H	19	出版物	S
9	知识产权	I	20	文化创意	T
10	全民阅读	J	21	文化发展	U
11	融合发展	K	22	文化体制改革	V

（二）著作类成果数据采集

1. 采集方法

著作类成果收集时间段为 2010~2018 年。由于新闻出版行业政策梳理始于 2011 年，考虑到著作出版周期较长，政策转化有滞后性，本研究把著作的收集起始时间向前扩展至 2010 年。数据来源为图书在版编目（CIP）数据。数据采集方式为：（1）以智库官网公开的相关著作信息作为检索条件，在 CIP 数据库中进行检索，确定著作；（2）以智库官网公开的研究人员姓名作为检索条件，在 CIP 数据库中进行检索，依据书名、内容提要等字段信息确定著作；（3）通过多种途径补充题录信息以备后续分析。以上数据采集方式，均基于智库官网公开的研究人员、研究成果信息。

在信息收集过程中，我们发现各智库官方网站建设及信息公开情况存在差异。部分智库官网栏目丰富、更新及时，提供的信息较为齐全；而部分智库官网栏目简单。未能持续更新的网站所提供的信息相对有限。智库官网动态更新是否及时、信息公开是否到位等，一方面反映了智库的信息化程度和平台运营水平，另一方面也体现了智库对成果产出、发布的重视程度。因此，从智库官网采集的信息是能够真实反映智库发展状况的。智库官方网站信息收集的截止时间为 2020 年 3 月底，截止时间以后更新的信息（如人员变动及成果发布等）未被采集。

2. 数据整理

本研究将收集到的智库著作信息进行整理和筛选，保留与新闻出版行业政策相关的、具有观点性的著作，去掉与新闻出版行业无关的著作，排除知识普及、概念介绍、历史梳理、教学教材、汇编文集类著作，共收集到著作484部。各智库相关著作出版情况如表3-4所示。

表3-4 2010~2018年各智库新闻出版相关著作数量（按智库名称拼音排序）

单位：部

序号	智库名称	著作数量	序号	智库名称	著作数量
1	安徽省社会科学院新闻与传播研究所	4	15	人民网研究院	0
2	北京大学新闻与传播学院	15	16	上海交通大学媒体与传播学院	21
3	北京师范大学出版科学研究院	2	17	四川大学文学与新闻学院	15
4	复旦大学新闻学院	31	18	四川省社会科学院新闻传播研究所	0
5	贵州省社会科学院传媒与舆情研究所	0	19	武汉大学新闻与传播学院	25
6	国家广播电视总局广播影视发展研究中心	0	20	浙江省传播与文化产业研究中心	8
7	河北省社会科学院新闻与传播学研究所	0	21	中国传媒大学国家传播创新研究中心	4
8	湖南师范大学新闻与传播学院	20	22	中国传媒大学新闻传播学部	54
9	华中科技大学新闻与信息传播学院	29	23	中国人民大学深圳研究院	0
10	暨南大学新闻与传播学院	17	24	中国人民大学新闻学院	65
11	南京大学新闻传播学院	15	25	中国人民大学新闻与社会发展研究中心	32
12	南京师范大学新闻与传播学院	10	26	中国社会科学院新闻与传播研究所	27
13	清华大学新闻与传播学院	24	27	中国新闻出版研究院	65
14	人民网新媒体智库	1			

（三）论文类成果数据采集

1. 采集方法

成果收集时间段为2011~2018年。数据来源为中国知网中国学术期刊全文数据库中的各智库论文信息。检索范围包括哲学与人文科学—文化，信息科技—新闻与传媒、出版，经济与管理科学—文化经济—新闻出版产业。由于部分机构存在名称变更、机构调整的情况，本研究在检索时将机构曾用名或多种称谓均作为检索条件进行多次检索。①

2. 检索结果

经检索与筛选，共收集与新闻出版行业政策相关的文章1183篇。各智库相关文章发表情况如表3-5所示。

表3-5　2011~2018年各智库在22个新闻出版政策主题方向上的文章总数（按智库名称拼音排序）

单位：篇

序号	智库名称	文章数量	序号	智库名称	文章数量
1	安徽省社会科学院新闻与传播研究所	1	15	人民网研究院	11
2	北京大学新闻与传播学院	66	16	上海交通大学媒体与传播学院	9
3	北京师范大学出版科学研究院	4	17	四川大学文学与新闻学院	34
4	复旦大学新闻学院	96	18	四川省社会科学院新闻传播研究所	7
5	贵州省社会科学院传媒与舆情研究所	0	19	武汉大学新闻与传播学院	88
6	国家广播电视总局广播影视发展研究中心	5	20	浙江省传播与文化产业研究中心	0
7	河北省社会科学院新闻与传播学研究所	0	21	中国传媒大学国家传播创新研究中心	1
8	湖南师范大学新闻与传播学院	76	22	中国传媒大学新闻传播学部	121
9	华中科技大学新闻与信息传播学院	42	23	中国人民大学深圳研究院	0
10	暨南大学新闻与传播学院	90	24	中国人民大学新闻学院	127
11	南京大学新闻传播学院	45	25	中国人民大学新闻与社会发展研究中心	40
12	南京师范大学新闻与传播学院	39	26	中国社会科学院新闻与传播研究所	20
13	清华大学新闻与传播学院	80	27	中国新闻出版研究院	176
14	人民网新媒体智库	5			

三　智库政策影响力得分

（一）著作政策相关性及前瞻性得分计算

本研究将各智库2010~2018年出版的新闻出版相关著作与2011~2018年新闻出版行业政策主题进行内容比较，通过著作题录信息中政策主题词词频判断

①　中国知网上的文章作者信息来源为期刊文章署名和知网作者库，文章来源单位为第一作者单位。

各智库著作的政策相关性，通过著作出版时间判断各智库著作的政策前瞻性。具体步骤如下。

1. 基础信息统计

统计每本著作的题录信息（书名、副书名及说明文字、丛书名、内容提要、目录）中各个政策方向主题词的出现频次。

2. 单本著作政策相关性得分计算

依据每本著作题录信息中各个政策方向主题词的出现频次，计算每本著作的政策相关性得分。一本著作在某一政策方向上的相关性得分，以该著作题录信息中该政策方向主题词出现次数的多少为依据。在词频统计时不考虑著作题录信息的撰写方式及行文风格差异，仅以主题词出现次数为衡量指标。

经统计，全部著作在所有政策方向上的主题词出现频次最大值为56次（北京师范大学出版科学研究院《手机游戏产业与产品》一书题录信息中主题词"游戏"的出现频次）。本研究在1到56的词频区间内划分五个等级，对应设置0.2到1的相关性得分。具体得分规则如表3-6所示。

在政策相关性及前瞻性得分的计算中，本研究采用词频统计方式进行计算。虽然采用 TF-IDF 算法更为合理，但计算难度大，且缺少新闻出版业词库，计算机分词工具难以进行有效分词，并计算可信取值。该指标计算中的词频统计是从论著题名、摘要、关键词等信息中选取，不同论著间内容量相对稳定、词量大小相对均衡。故本研究采用词频统计的方式。

表3-6　智库著作政策相关性得分规则

主题词出现频次区间	著作政策相关性得分
$45 \leqslant n \leqslant 56$	1.0
$34 \leqslant n < 45$	0.8
$23 \leqslant n < 34$	0.6
$12 \leqslant n < 23$	0.4
$1 \leqslant n < 12$	0.2

3. 单本著作政策相关性得分赋权

通过判断智库著作与相关政策的相似性强弱，为著作政策相关性得分赋权。我们对智库的政策相关著作进行进一步相关性比对，经三轮审核将这些著作分为政策强相关与政策弱相关两类，并将二者权重设定为"政策强相关著作：政策弱相关著作 =2：1"。

4. 单本著作政策前瞻性得分计算

著作的政策前瞻性得分依据每本著作的初版时间计算。本研究将著作初版时间与其相关主题方向政策的发文时间进行比较，若著作初版时间早于一件政策的发布时间，则判断该著作具有前瞻性，该著作在该主题方向上的政策前瞻次数加1；加和得到著作在某一主题方向上的政策前瞻总次数；该著作与该主题方向的政策前瞻性得分为著作在该主题方向上的政策前瞻总次数除以该主题方向政策总件数。由计算方法可知，单本著作的前瞻性得分取值为0~1；其中得分为1表示该著作前瞻于该主题方向全部政策，得分为0表示该著作滞后于该主题方向全部政策。

5. 智库著作政策相关性和前瞻性得分计算

将每本著作的得分相加，得到智库著作在各个政策方向上的相关性得分及前瞻性得分。具体情况如表 3-7 至表 3-24 所示。

表 3-7　各智库著作在"动漫"方向上的相关性及前瞻性得分

智库名称	著作政策相关性得分	著作政策前瞻性得分
复旦大学新闻学院	0.4	0.50
湖南师范大学新闻与传播学院	0.2	0.50
清华大学新闻与传播学院	2.0	5.50
上海交通大学媒体与传播学院	0.2	0.50
四川大学文学与新闻学院	0.2	0.50
武汉大学新闻与传播学院	0.2	0.50
中国传媒大学国家传播创新研究中心	0.2	0.50
中国传媒大学新闻传播学部	0.4	1.25
中国人民大学新闻学院	0.4	0.50
中国社会科学院新闻与传播研究所	0.2	1.00
中国新闻出版研究院	4.4	5.75

注：①按智库名称拼音排序；②相关性得分、前瞻性得分均为0的智库不在表中呈现，下同。

表3-8 各智库著作在"网络文学"方向上的相关性及前瞻性得分

智库名称	著作政策相关性得分	著作政策前瞻性得分
南京大学新闻传播学院	0.6	1

表3-9 各智库著作在"音乐"方向上的相关性及前瞻性得分

智库名称	著作政策相关性得分	著作政策前瞻性得分
湖南师范大学新闻与传播学院	0.2	0.5
清华大学新闻与传播学院	0.2	0.0
上海交通大学媒体与传播学院	0.8	3.0
武汉大学新闻与传播学院	0.2	0.0
中国传媒大学国家传播创新研究中心	0.4	2.0
中国传媒大学新闻传播学部	0.4	2.0
中国人民大学新闻与社会发展研究中心	0.2	1.0
中国社会科学院新闻与传播研究所	0.2	1.0
中国新闻出版研究院	1.0	4.0

表3-10 各智库著作在"游戏"方向上的相关性及前瞻性得分

智库名称	著作政策相关性得分	著作政策前瞻性得分
北京大学新闻与传播学院	0.4	1.00
北京师范大学出版科学研究院	0.2	1.00
复旦大学新闻学院	0.4	0.00
湖南师范大学新闻与传播学院	1.0	1.00
华中科技大学新闻与信息传播学院	0.6	2.50
南京大学新闻传播学院	0.6	2.50
清华大学新闻与传播学院	2.0	7.75
上海交通大学媒体与传播学院	0.8	4.00
四川大学文学与新闻学院	0.2	1.00
武汉大学新闻与传播学院	0.4	1.00
浙江省传播与文化产业研究中心	0.2	1.00
中国传媒大学新闻传播学部	0.6	2.00
中国人民大学新闻学院	1.2	3.00
中国人民大学新闻与社会发展研究中心	0.4	2.00
中国社会科学院新闻与传播研究所	0.8	4.00
中国新闻出版研究院	4.6	13.25

表 3-11　各智库著作在"数字出版"方向上的相关性及前瞻性得分

智库名称	著作政策相关性得分	著作政策前瞻性得分
湖南师范大学新闻与传播学院	0.4	0.33
清华大学新闻与传播学院	0.2	0.00
上海交通大学媒体与传播学院	0.2	0.67
中国传媒大学国家传播创新研究中心	0.6	2.01
中国传媒大学新闻传播学部	0.4	1.00
中国人民大学新闻学院	0.8	0.67
中国社会科学院新闻与传播研究所	0.2	0.67
中国新闻出版研究院	8.0	8.67

表 3-12　各智库著作在"新闻出版业"方向上的相关性及前瞻性得分

智库名称	著作政策相关性得分	著作政策前瞻性得分
清华大学新闻与传播学院	0.2	0.67
上海交通大学媒体与传播学院	0.2	0.67
中国新闻出版研究院	1.2	2.68

表 3-13　各智库著作在"版权"方向上的相关性及前瞻性得分

智库名称	著作政策相关性得分	著作政策前瞻性得分
复旦大学新闻学院	1.2	0.33
南京大学新闻传播学院	0.2	0.67
清华大学新闻与传播学院	0.6	1.67
上海交通大学媒体与传播学院	0.4	0.66
四川大学文学与新闻学院	1.0	1.33
中国传媒大学国家传播创新研究中心	0.2	0.67
中国人民大学新闻学院	0.8	1.34
中国人民大学新闻与社会发展研究中心	0.2	0.67
中国社会科学院新闻与传播研究所	1.0	1.33
中国新闻出版研究院	4.8	9.36

表 3-14　各智库著作在"知识产权"方向上的相关性及前瞻性得分

智库名称	著作政策相关性得分	著作政策前瞻性得分
复旦大学新闻学院	0.4	0
清华大学新闻与传播学院	0.4	2
中国新闻出版研究院	0.6	2

表3-15　各智库著作在"全民阅读"方向上的相关性及前瞻性得分

智库名称	著作政策相关性得分	著作政策前瞻性得分
北京大学新闻与传播学院	0.4	1
中国新闻出版研究院	1.8	4

表3-16　各智库著作在"融合发展"方向上的相关性及前瞻性得分

智库名称	著作政策相关性得分	著作政策前瞻性得分
安徽省社会科学院新闻与传播研究所	0.2	0.0
复旦大学新闻学院	1.6	0.0
湖南师范大学新闻与传播学院	0.2	0.5
南京大学新闻传播学院	0.2	0.0
南京师范大学新闻与传播学院	0.2	0.0
清华大学新闻与传播学院	0.4	1.0
上海交通大学媒体与传播学院	1.2	2.0
四川大学文学与新闻学院	0.2	0.0
武汉大学新闻与传播学院	0.2	1.0
浙江省传播与文化产业研究中心	0.2	0.0
中国传媒大学国家传播创新研究中心	0.6	2.0
中国人民大学新闻学院	0.4	1.0
中国社会科学院新闻与传播研究所	0.8	1.0
中国新闻出版研究院	1.6	1.0

表3-17　各智库著作在"实体书店"方向上的相关性及前瞻性得分

智库名称	著作政策相关性得分	著作政策前瞻性得分
中国新闻出版研究院	1.2	3

表3-18　各智库著作在"采编"方向上的相关性及前瞻性得分

智库名称	著作政策相关性得分	著作政策前瞻性得分
复旦大学新闻学院	0.4	0.0
湖南师范大学新闻与传播学院	0.2	0.5
华中科技大学新闻与信息传播学院	0.2	1.0
中国传媒大学国家传播创新研究中心	0.2	1.0

表 3-19　各智库著作在"互联网新闻"方向上的相关性及前瞻性得分

智库名称	著作政策相关性得分	著作政策前瞻性得分
复旦大学新闻学院	0.4	0
清华大学新闻与传播学院	0.6	1
上海交通大学媒体与传播学院	0.2	1
中国社会科学院新闻与传播研究所	0.2	1

表 3-20　各智库著作在"网络出版"方向上的相关性及前瞻性得分

智库名称	著作政策相关性得分	著作政策前瞻性得分
上海交通大学媒体与传播学院	0.2	0
中国人民大学新闻学院	0.4	1
中国社会科学院新闻与传播研究所	0.2	0
中国新闻出版研究院	1.0	4

表 3-21　各智库著作在"出版物"方向上的相关性及前瞻性得分

智库名称	著作政策相关性得分	著作政策前瞻性得分
湖南师范大学新闻与传播学院	0.2	0
上海交通大学媒体与传播学院	0.6	2
中国传媒大学国家传播创新研究中心	0.8	3
中国人民大学新闻学院	0.8	2
中国人民大学新闻与社会发展研究中心	0.4	2
中国社会科学院新闻与传播研究所	0.2	1
中国新闻出版研究院	5.2	11

表 3-22　各智库著作在"文化创意"方向上的相关性及前瞻性得分

智库名称	著作政策相关性得分	著作政策前瞻性得分
复旦大学新闻学院	0.8	0
暨南大学新闻与传播学院	0.4	0
南京师范大学新闻与传播学院	0.8	0
上海交通大学媒体与传播学院	0.6	0
四川大学文学与新闻学院	0.2	0
武汉大学新闻与传播学院	0.4	1
中国传媒大学国家传播创新研究中心	0.4	1
中国人民大学新闻学院	0.4	0
中国新闻出版研究院	0.2	1

表3-23　各智库著作在"文化发展"方向上的相关性及前瞻性得分

智库名称	著作政策相关性得分	著作政策前瞻性得分
清华大学新闻与传播学院	0.2	1
武汉大学新闻与传播学院	0.4	2
中国社会科学院新闻与传播研究所	0.2	1

表3-24　各智库著作在"文化体制改革"方向上的相关性及前瞻性得分

智库名称	著作政策相关性得分	著作政策前瞻性得分
清华大学新闻与传播学院	0.8	1.00
四川大学文学与新闻学院	0.2	0.00
武汉大学新闻与传播学院	0.4	0.75
中国传媒大学国家传播创新研究中心	0.2	0.50
中国人民大学新闻学院	0.4	0.50

6.智库著作在各政策方向上的相关性及前瞻性总分计算

本研究将智库在各个政策方向上的相关性得分加和，得到该智库著作的政策相关性总得分；将智库在各个政策方向上的前瞻性得分加和，得到该智库著作的政策前瞻性总得分。具体得分结果如表3-25所示。

表3-25　智库著作在各个政策方向上的相关性及前瞻性总分

序号	智库名称	著作政策相关性总分	著作政策前瞻性总分
1	安徽省社会科学院新闻与传播研究所	0.2	0.00
2	北京大学新闻与传播学院	0.8	2.00
3	北京师范大学出版科学研究院	0.2	1.00
4	复旦大学新闻学院	5.6	0.83
5	贵州省社会科学院传媒与舆情研究所	0.0	0.00
6	国家广播电视总局广播影视发展研究中心	0.0	0.00
7	河北省社会科学院新闻与传播学研究所	0.0	0.00
8	湖南师范大学新闻与传播学院	2.4	3.33
9	华中科技大学新闻与信息传播学院	0.8	3.50
10	暨南大学新闻与传播学院	0.4	0.00
11	南京大学新闻传播学院	1.6	4.17

续表

序号	智库名称	著作政策相关性总分	著作政策前瞻性总分
12	南京师范大学新闻与传播学院	1.0	0.00
13	清华大学新闻与传播学院	7.6	21.59
14	人民网新媒体智库	0.0	0.00
15	人民网研究院	0.0	0.00
16	上海交通大学媒体与传播学院	5.4	14.50
17	四川大学文学与新闻学院	2.0	2.83
18	四川省社会科学院新闻传播研究所	0.0	0.00
19	武汉大学新闻与传播学院	2.2	6.25
20	浙江省传播与文化产业研究中心	0.4	1.00
21	中国传媒大学国家传播创新研究中心	3.6	12.68
22	中国传媒大学新闻传播学部	1.8	6.25
23	中国人民大学深圳研究院	0.0	0.00
24	中国人民大学新闻学院	5.6	10.01
25	中国人民大学新闻与社会发展研究中心	1.2	5.67
26	中国社会科学院新闻与传播研究所	4.0	12.00
27	中国新闻出版研究院	35.6	69.71

（二）智库文章的政策相关性及前瞻性得分计算

本研究将各智库 2011~2018 年发表的新闻出版相关文章与 2011~2018 年新闻出版行业政策主题进行内容比较，通过文章题录信息中政策主题词词频判断各智库文章的政策相关性，通过文章发布时间判断各智库文章的政策前瞻性。具体步骤如下。

1.基础信息统计

统计每篇文章的题录信息（题名、摘要、关键词）中各个政策方向主题词的出现频次。

2.每篇文章政策相关性得分计算

每篇文章的政策相关性得分依据每篇文章的题录信息中各个政策方向主题词的出现频次计算。一篇文章在某一政策方向上的相关性得分，以该文章题录信息中该政策方向主题词出现频次多少为依据。经统计，全部文章在所有政策方向上的主题词出现频次最大值为 18 次（四川大学文学与新闻学院赵昕《微信平台移动端游戏的发展现状及趋势——顺应潮流或另辟蹊径》一文的题录信息中主题词"游戏"的出现频次）。在 1 到 18 的词频区间内划分五个等级，对应设置 0.2~1 的相关性得分。具体得分规则如表 3-26 所示。

表 3-26　智库文章政策相关性得分规则

主题词出现频次区间	文章政策相关性得分
15 ≤ n ≤ 18	1
12 ≤ n < 15	0.8
8 ≤ n < 12	0.6
5 ≤ n < 8	0.4
1 ≤ n < 5	0.2

3.每篇文章政策相关性得分赋权

通过判断智库文章与相关政策的相似性强弱，为文章政策相关性得分赋权。我们对智库的政策相关文章进行进一步相关性比对，经三轮审核将这些文章分为政策强相关与政策弱相关两类，并将二者权重设定为"政策强相关文章：政策弱相关文章 =2：1"。

4.每篇文章政策前瞻性得分计算

本研究依据每篇文章的发表时间，计算文章的政策前瞻性得分。具体做法如下：将文章的发表时间与其相关主题方向政策的发文时间进行比较，若文章发表时间早于一项政策的发布时间，则该文章在该主题方向上的政策前瞻次数加 1；加和得到文章在该主题方向上的政策前瞻总次数；该文章与该主题方向的政策前瞻性得分为文章在该主题方向上的政策前瞻总次数除以该主题方向政策总件数。由计算方法可知，单篇文章的前瞻性得分取值为 0~1，可为小数；其中得分为 1 表示该文章前瞻于该方向全部政策，得分为 0 表示该文章滞后于该方向全部政策。

5.智库文章政策相关性和前瞻性得分计算

本研究将每篇文章的得分相加，得到智库文章在各个政策方向上的相关性得分及前瞻性得分。具体得分情况如表 3-27 至表 3-47 所示。

表 3-27 各智库文章在"动漫"方向上的相关性及前瞻性得分

智库名称	著作政策相关性得分	著作政策前瞻性得分
北京大学新闻与传播学院	2.8	0.75
复旦大学新闻学院	1.2	1.00
国家广播电视总局广播影视发展研究中心	0.6	0.50
湖南师范大学新闻与传播学院	1.0	0.25
华中科技大学新闻与信息传播学院	0.2	0.00
南京大学新闻传播学院	0.2	0.50
南京师范大学新闻与传播学院	0.6	0.75
清华大学新闻与传播学院	0.6	1.00
上海交通大学媒体与传播学院	0.2	0.00
四川大学文学与新闻学院	1.8	2.50
武汉大学新闻与传播学院	0.8	0.50
中国传媒大学新闻传播学部	1.0	0.75
中国人民大学新闻学院	3.2	1.25
中国人民大学新闻与社会发展研究中心	0.6	1.00
中国新闻出版研究院	0.8	1.50

注：①按智库名称拼音排序；②相关性、前瞻性得分均为 0 的智库不在表中呈现，下同。

表 3-28 各智库文章在"网络文学"方向上的相关性及前瞻性得分

智库名称	著作政策相关性得分	著作政策前瞻性得分
北京大学新闻与传播学院	0.4	0.67
复旦大学新闻学院	1.2	0.33
华中科技大学新闻与信息传播学院	0.4	0.00
暨南大学新闻与传播学院	0.2	1.00
四川大学文学与新闻学院	0.2	0.00
武汉大学新闻与传播学院	0.2	1.00
中国传媒大学新闻传播学部	0.2	0.67
中国新闻出版研究院	1.2	2.01

表 3-29 各智库文章在"音乐"方向上的相关性及前瞻性得分

智库名称	著作政策相关性得分	著作政策前瞻性得分
北京大学新闻与传播学院	2.0	1
复旦大学新闻学院	2.4	4
湖南师范大学新闻与传播学院	0.6	1
华中科技大学新闻与信息传播学院	0.8	1

续表

智库名称	著作政策相关性得分	著作政策前瞻性得分
暨南大学新闻与传播学院	0.4	0
南京大学新闻传播学院	0.4	1
南京师范大学新闻与传播学院	2.2	6
清华大学新闻与传播学院	1.4	4
人民网新媒体智库	0.2	0
上海交通大学媒体与传播学院	0.4	0
四川大学文学与新闻学院	0.6	1
四川省社会科学院新闻传播研究所	0.2	0
武汉大学新闻与传播学院	3.0	9
中国传媒大学新闻传播学部	6.0	18
中国人民大学新闻学院	7.2	10
中国人民大学新闻与社会发展研究中心	0.6	1
中国社会科学院新闻与传播研究所	0.2	0
中国新闻出版研究院	0.4	0

表3-30 各智库文章在"游戏"方向上的相关性及前瞻性得分

智库名称	著作政策相关性得分	著作政策前瞻性得分
北京大学新闻与传播学院	2.8	1.25
复旦大学新闻学院	0.4	1.00
湖南师范大学新闻与传播学院	1.2	4.50
华中科技大学新闻与信息传播学院	0.8	2.00
暨南大学新闻与传播学院	0.6	0.00
南京大学新闻传播学院	0.4	1.25
清华大学新闻与传播学院	1.6	1.25
上海交通大学媒体与传播学院	0.6	0.00
四川大学文学与新闻学院	1.6	1.50
武汉大学新闻与传播学院	2.0	2.25
中国传媒大学新闻传播学部	2.6	5.25
中国人民大学新闻学院	6.0	1.00
中国人民大学新闻与社会发展研究中心	2.0	3.25
中国新闻出版研究院	0.6	2.00

表 3-31　各智库文章在"数字出版"方向上的相关性及前瞻性得分

智库名称	著作政策相关性得分	著作政策前瞻性得分
北京大学新闻与传播学院	8.0	8.01
北京师范大学出版科学研究院	0.4	1.34
复旦大学新闻学院	4.4	3.00
湖南师范大学新闻与传播学院	0.2	0.67
华中科技大学新闻与信息传播学院	2.2	2.68
暨南大学新闻与传播学院	1.0	1.00
南京大学新闻传播学院	2.4	4.35
南京师范大学新闻与传播学院	1.0	0.66
清华大学新闻与传播学院	1.6	1.65
四川大学文学与新闻学院	1.0	1.34
四川省社会科学院新闻传播研究所	0.2	0.33
武汉大学新闻与传播学院	2.4	4.01
中国传媒大学新闻传播学部	5.6	6.34
中国人民大学新闻学院	4.0	2.99
中国人民大学新闻与社会发展研究中心	0.4	0.33
中国新闻出版研究院	16.6	28.38

表 3-32　各智库文章在"新闻出版业"方向上的相关性及前瞻性得分

智库名称	著作政策相关性得分	著作政策前瞻性得分
北京大学新闻与传播学院	0.4	0.67
复旦大学新闻学院	0.4	0.67
湖南师范大学新闻与传播学院	0.4	1.17
华中科技大学新闻与信息传播学院	1.0	3.18
南京师范大学新闻与传播学院	0.2	0.50
清华大学新闻与传播学院	0.2	0.67
四川大学文学与新闻学院	0.2	0.25
四川省社会科学院新闻传播研究所	0.2	0.00
武汉大学新闻与传播学院	1.2	1.17
中国传媒大学新闻传播学部	0.4	1.34
中国人民大学新闻学院	0.4	0.67
中国人民大学新闻与社会发展研究中心	0.6	2.01
中国新闻出版研究院	7.2	17.71

表 3-33 各智库文章在"数字化转型升级"方向上的相关性及前瞻性得分

智库名称	著作政策相关性得分	著作政策前瞻性得分
四川大学文学与新闻学院	0.2	0

表 3-34 各智库文章在"版权"方向上的相关性及前瞻性得分

智库名称	著作政策相关性得分	著作政策前瞻性得分
北京大学新闻与传播学院	4.0	7.00
复旦大学新闻学院	8.8	5.68
湖南师范大学新闻与传播学院	0.2	0.67
华中科技大学新闻与信息传播学院	2.0	1.66
暨南大学新闻与传播学院	0.8	0.66
南京大学新闻传播学院	1.8	1.67
南京师范大学新闻与传播学院	3.4	3.00
清华大学新闻与传播学院	1.8	3.66
人民网新媒体智库	0.2	0.00
人民网研究院	0.2	0.67
上海交通大学媒体与传播学院	0.4	0.00
四川大学文学与新闻学院	1.2	2.34
四川省社会科学院新闻传播研究所	0.2	0.33
武汉大学新闻与传播学院	3.0	5.68
中国传媒大学新闻传播学部	3.6	7.35
中国人民大学新闻学院	12.8	8.00
中国人民大学新闻与社会发展研究中心	0.8	2.33
中国社会科学院新闻与传播研究所	1.8	1.67
中国新闻出版研究院	10.2	15.70

表 3-35 各智库文章在"知识产权"方向上的相关性及前瞻性得分

智库名称	著作政策相关性得分	著作政策前瞻性得分
北京大学新闻与传播学院	1.2	1.0
复旦大学新闻学院	2.0	2.0
湖南师范大学新闻与传播学院	0.6	1.0
华中科技大学新闻与信息传播学院	0.2	0.0
南京师范大学新闻与传播学院	0.2	1.0
清华大学新闻与传播学院	0.8	0.0
四川大学文学与新闻学院	0.2	0.5
武汉大学新闻与传播学院	0.4	2.0

续表

智库名称	著作政策相关性得分	著作政策前瞻性得分
中国传媒大学新闻传播学部	0.4	1.0
中国人民大学新闻学院	0.4	0.0
中国人民大学新闻与社会发展研究中心	0.2	0.0
中国新闻出版研究院	1.6	0.0

表3-36　各智库文章在"全民阅读"方向上的相关性及前瞻性得分

智库名称	著作政策相关性得分	著作政策前瞻性得分
北京大学新闻与传播学院	1.2	3.00
湖南师范大学新闻与传播学院	0.6	1.00
华中科技大学新闻与信息传播学院	0.4	0.00
南京大学新闻传播学院	0.2	1.00
清华大学新闻与传播学院	0.2	0.00
四川大学文学与新闻学院	0.2	0.25
中国传媒大学新闻传播学部	0.4	2.00
中国人民大学新闻学院	0.4	0.00
中国社会科学院新闻与传播研究所	0.2	0.00
中国新闻出版研究院	2.6	4.50

表3-37　各智库文章在"融合发展"方向上的相关性及前瞻性得分

智库名称	著作政策相关性得分	著作政策前瞻性得分
北京大学新闻与传播学院	4.4	4.0
复旦大学新闻学院	10.8	9.0
国家广播电视总局广播影视发展研究中心	0.2	0.0
湖南师范大学新闻与传播学院	0.2	0.0
华中科技大学新闻与信息传播学院	1.8	2.0
暨南大学新闻与传播学院	6.6	11.0
南京大学新闻传播学院	2.0	4.0
南京师范大学新闻与传播学院	1.2	5.0
清华大学新闻与传播学院	4.2	8.0
人民网新媒体智库	0.8	0.0
人民网研究院	1.8	0.0
四川大学文学与新闻学院	1.4	1.5
四川省社会科学院新闻传播研究所	0.8	0.0

续表

智库名称	著作政策相关性得分	著作政策前瞻性得分
武汉大学新闻与传播学院	3.4	6.0
中国传媒大学国家传播创新研究中心	0.2	0.0
中国传媒大学新闻传播学部	6.6	8.0
中国人民大学新闻学院	12.4	6.0
中国人民大学新闻与社会发展研究中心	1.6	5.0
中国社会科学院新闻与传播研究所	1.6	0.0
中国新闻出版研究院	3.6	3.0

表3-38 各智库文章在"实体书店"方向上的相关性及前瞻性得分

智库名称	著作政策相关性得分	著作政策前瞻性得分
北京大学新闻与传播学院	0.8	1.0
复旦大学新闻学院	0.4	0.0
湖南师范大学新闻与传播学院	0.6	1.0
南京师范大学新闻与传播学院	0.2	1.0
清华大学新闻与传播学院	0.2	0.0
四川大学文学与新闻学院	0.8	1.5
武汉大学新闻与传播学院	0.4	0.0
中国传媒大学新闻传播学部	0.6	2.0
中国人民大学新闻学院	2.0	1.0
中国新闻出版研究院	1.6	2.0

表3-39 各智库文章在"集团改革"方向上的相关性及前瞻性得分

智库名称	著作政策相关性得分	著作政策前瞻性得分
复旦大学新闻学院	1.2	0
四川大学文学与新闻学院	0.2	0
中国新闻出版研究院	0.2	0

表3-40 各智库文章在"民间资本"方向上的相关性及前瞻性得分

智库名称	著作政策相关性得分	著作政策前瞻性得分
四川大学文学与新闻学院	0.2	0

表3-41 各智库文章在"采编"方向上的相关性及前瞻性得分

智库名称	著作政策相关性得分	著作政策前瞻性得分
北京大学新闻与传播学院	1.2	2
复旦大学新闻学院	6.8	11
湖南师范大学新闻与传播学院	0.2	0
华中科技大学新闻与信息传播学院	1.2	4
暨南大学新闻与传播学院	0.6	3
南京大学新闻传播学院	1.4	7
南京师范大学新闻与传播学院	0.4	2
清华大学新闻与传播学院	1.4	6
人民网研究院	0.2	1
上海交通大学媒体与传播学院	0.2	0
四川大学文学与新闻学院	0.2	1
四川省社会科学院新闻传播研究所	0.4	2
武汉大学新闻与传播学院	2.2	11
中国传媒大学新闻传播学部	2.4	7
中国人民大学新闻学院	6.0	11
中国人民大学新闻与社会发展研究中心	0.6	3
中国社会科学院新闻与传播研究所	0.4	1
中国新闻出版研究院	0.4	1

表3-42 各智库文章在"互联网新闻"方向上的相关性及前瞻性得分

智库名称	著作政策相关性得分	著作政策前瞻性得分
安徽省社会科学院新闻与传播研究所	0.4	0.0
北京大学新闻与传播学院	0.4	1.0
复旦大学新闻学院	1.6	2.0
南京师范大学新闻与传播学院	0.2	1.0
清华大学新闻与传播学院	0.6	2.0
武汉大学新闻与传播学院	0.4	0.0
中国传媒大学新闻传播学部	0.2	1.0
中国人民大学新闻学院	1.2	2.5
中国社会科学院新闻与传播研究所	0.2	1.0
中国新闻出版研究院	0.2	0.0

表3-43　各智库文章在"网络出版"方向上的相关性及前瞻性得分

智库名称	著作政策相关性得分	著作政策前瞻性得分
复旦大学新闻学院	0.4	1
湖南师范大学新闻与传播学院	0.2	1
南京大学新闻传播学院	0.6	3
四川大学文学与新闻学院	0.4	1
中国人民大学新闻学院	1.6	4
中国人民大学新闻与社会发展研究中心	0.2	1
中国新闻出版研究院	0.2	0

表3-44　各智库文章在"出版物"方向上的相关性及前瞻性得分

智库名称	著作政策相关性得分	著作政策前瞻性得分
北京大学新闻与传播学院	1.6	3
北京师范大学出版科学研究院	0.2	0
复旦大学新闻学院	2.8	4
湖南师范大学新闻与传播学院	0.2	1
华中科技大学新闻与信息传播学院	1.0	2
南京大学新闻传播学院	0.2	0
南京师范大学新闻与传播学院	0.4	1
清华大学新闻与传播学院	1.2	4
四川大学文学与新闻学院	1.0	1
武汉大学新闻与传播学院	1.0	1
中国传媒大学新闻传播学部	1.2	6
中国人民大学新闻学院	2.4	3
中国人民大学新闻与社会发展研究中心	0.2	1
中国新闻出版研究院	3.6	10

表3-45　各智库文章在"文化创意"方向上的相关性及前瞻性得分

智库名称	著作政策相关性得分	著作政策前瞻性得分
复旦大学新闻学院	2.8	2.0
湖南师范大学新闻与传播学院	0.4	2.0
华中科技大学新闻与信息传播学院	1.2	0.0
暨南大学新闻与传播学院	0.8	2.0
南京大学新闻传播学院	0.4	1.0
南京师范大学新闻与传播学院	0.4	1.0
清华大学新闻与传播学院	2.0	3.0

续表

智库名称	著作政策相关性得分	著作政策前瞻性得分
上海交通大学媒体与传播学院	0.2	0.0
四川大学文学与新闻学院	1.2	1.5
武汉大学新闻与传播学院	0.8	0.0
中国传媒大学新闻传播学部	0.6	0.0
中国人民大学新闻学院	2.4	1.0
中国新闻出版研究院	0.4	1.0

表 3-46　各智库文章在"文化发展"方向上的相关性及前瞻性得分

智库名称	著作政策相关性得分	著作政策前瞻性得分
北京大学新闻与传播学院	0.8	2
北京师范大学出版科学研究院	0.2	1
复旦大学新闻学院	2.4	6
国家广播电视总局广播影视发展研究中心	0.4	0
湖南师范大学新闻与传播学院	0.4	2
华中科技大学新闻与信息传播学院	0.2	1
暨南大学新闻与传播学院	0.4	2
南京大学新闻传播学院	0.4	1
南京师范大学新闻与传播学院	0.2	1
清华大学新闻与传播学院	0.8	3
四川大学文学与新闻学院	0.6	3
武汉大学新闻与传播学院	2.0	9
中国传媒大学新闻传播学部	0.8	3
中国人民大学新闻学院	2.4	3
中国新闻出版研究院	1.2	4

表 3-47　各智库文章在"文化体制改革"方向上的相关性及前瞻性得分

智库名称	著作政策相关性得分	著作政策前瞻性得分
北京大学新闻与传播学院	0.4	0.50
复旦大学新闻学院	1.6	1.25
国家广播电视总局广播影视发展研究中心	0.2	0.25
湖南师范大学新闻与传播学院	0.8	2.00
华中科技大学新闻与信息传播学院	0.2	0.50
暨南大学新闻与传播学院	1.0	3.00
清华大学新闻与传播学院	1.0	3.00

续表

智库名称	著作政策相关性得分	著作政策前瞻性得分
四川大学文学与新闻学院	0.2	0.00
武汉大学新闻与传播学院	1.4	4.75
中国传媒大学新闻传播学部	0.2	0.50
中国人民大学新闻学院	0.4	0.00
中国社会科学院新闻与传播研究所	0.4	1.25
中国新闻出版研究院	1.6	4.25

6.智库文章在各个政策方向上的相关性及前瞻性总得分计算

本研究将智库在各个政策方向上的相关性得分加和，得到该智库文章的政策相关性总得分；将智库在各个政策方向上的前瞻性得分加总，得到该智库文章的政策前瞻性总得分。具体得分结果如表3-48所示。

表3-48 智库文章在各个政策方向上的相关性及前瞻性总分

序号	智库名称	文章政策相关性总分	文章政策前瞻性总分
1	安徽省社会科学院新闻与传播研究所	0.4	0.00
2	北京大学新闻与传播学院	32.4	36.85
3	北京师范大学出版科学研究院	0.8	2.34
4	复旦大学新闻学院	51.6	53.93
5	贵州省社会科学院传媒与舆情研究所	0.0	0.00
6	国家广播电视总局广播影视发展研究中心	1.4	0.75
7	河北省社会科学院新闻与传播学研究所	0.0	0.00
8	湖南师范大学新闻与传播学院	7.8	19.26
9	华中科技大学新闻与信息传播学院	13.6	20.02
10	暨南大学新闻与传播学院	12.4	23.66
11	南京大学新闻传播学院	10.4	25.77
12	南京师范大学新闻与传播学院	10.6	23.91
13	清华大学新闻与传播学院	19.6	41.23
14	人民网新媒体智库	1.2	0.00
15	人民网研究院	2.2	1.67
16	上海交通大学媒体与传播学院	2.0	0.00
17	四川大学文学与新闻学院	13.4	20.18
18	四川省社会科学院新闻传播研究所	2.0	2.66
19	武汉大学新闻与传播学院	24.6	57.36

序号	智库名称	文章政策相关性总分	文章政策前瞻性总分
20	浙江省传播与文化产业研究中心	0.0	0.00
21	中国传媒大学国家传播创新研究中心	0.2	0.00
22	中国传媒大学新闻传播学部	32.8	70.20
23	中国人民大学深圳研究院	0.0	0.00
24	中国人民大学新闻学院	65.2	55.41
25	中国人民大学新闻与社会发展研究中心	7.8	19.92
26	中国社会科学院新闻与传播研究所	4.8	4.92
27	中国新闻出版研究院	54.2	97.05

四 智库政策影响力排名及解读

各智库政策影响力排名如表 3-49 所示。

表 3-49 新闻出版行业智库政策影响力排名 Top10

排名	智库名称	排名	智库名称
1	中国新闻出版研究院	6	清华大学新闻与传播学院
2	中国人民大学新闻学院	7	北京大学新闻与传播学院
3	中国传媒大学新闻传播学部	8	南京大学新闻传播学院
4	复旦大学新闻学院	9	华中科技大学新闻与信息传播学院
5	武汉大学新闻与传播学院	10	四川大学文学与新闻学院

从智库政策影响力排名看，中国新闻出版研究院智库成果在政策相关性和前瞻性方面都有突出表现，这与研究院独特的定位及职能密切相关。中国新闻出版研究院隶属于中宣部，是我国新闻出版领域唯一的国家级专业研究机构。为党和国家工作大局服务、为领导机关工作服务、为行业改革发展服务是研究院的宗旨。近年来，研究院围绕中央推动文化事业与文化产业发展的要求，持续开展出版产业与版权产业的调查与研究工作，定期发布新闻出版产业分析报告、中国版权产业经济贡献调查报告等，服务党和国家重大决策。研究院发布的成果中，《中国出版业发展报告》《中国数字出版产业年度报告》《中国动漫游戏产业年度报告》《"一带一路"国际出版合作发展报告》《国际出版业发展报告》《中国印刷业发展报告》《中国数字内容产业市场格局与投资观

察》等系列报告已成为品牌产品，是业界了解国内外出版发展情况的重要信息来源，为国家相关部门制定政策和学术界开展研究提供了依据，为行业发展提供了指引。

在出版论著以外，研究院还直接参与新闻出版业"十一五"规划、"十二五"规划、"十三五"规划、"十四五"规划等重要规划起草工作，参与《著作权法》《出版管理条例》《全民阅读促进条例》等法规及新闻出版业标准的制定和修订工作，承担和完成了多项国家重大工程项目、署部级项目及企业委托项目。此外，研究院就公共政策问题和行业重大问题开展具有针对性和预见性的研究，与上级主管部门重点工作全方位对接，为其决策提供服务，发挥了重要的资政作用。

清华大学新闻与传播学院在著作和文章的政策相关性和前瞻性方面也有较高的综合水平。清华大学新闻与传播学院以国际传播、影视传播、新媒体传播和媒介经营与管理为主要学科方向，出版发表了大量的专著、译著、论文、研究报告。其中，传媒蓝皮书《中国传媒产业发展报告》自 2005 年起至今已出版 10 余部，部分成果得到政府主管部门和行业组织的重视和采纳。从该智库成果的政策相关性与前瞻性得分分布情况看，其著作在"文化体制改革""互联网新闻""动漫""游戏"等政策方向上的相关性与前瞻性较强，《中国传媒产业发展报告》具有较强政策前瞻性，该系列报告为行业发展指导了方向。

这些智库的论著选题紧贴行业政策热点，反映出智库对行业热点问题的敏锐洞察和对产业发展趋势的长期关注。

第二节　学术影响力评价

智库学术影响力反映的是智库学术成果对行业参与者的影响力，被更多研究者认同的观点将成为主流思想，进而上浮至决策层影响决策。本研究采用论文引用指标对智库学术影响力进行评价。

一　智库学术影响力测度方法

在评价科研人员的学术水平时，h 指数是一种能够综合考察科研人员论文产出力和影响力的方法，且获取简单、易于操作。传统的定量评价指标只考虑论文数量，可能导致追求数量忽略质量的问题出现，而 h 指数能同时反映论文数量和被引频次，可以更好地测评科研人员的学术实力。本研究借鉴科研人员学术能力评价概念，用 h 指数及类 h 指数来测度智库的学术影响力。

（一）h指数的提出

2005 年美国物理学家乔治·希尔施提出了 h 指数的概念，即 h 指数是一个混合量化指标，用以量化科研人员的学术影响力。希尔施将科学家个人 h 指数定义为：如果某科学家发表的 Np 篇论文中有 h 篇论文每篇至少被引用 h 次，其余 Np−h 篇论文每篇被引用次数均小于或等于 h 次，那么 h 这个数值就是该科学家的 h 指数。[1] 罗纳德·鲁索指出："如果将学者 A 发表的论文按照被引频次从高到低依次排序，被引频次最多的文章序号为 1，具有相同引用频次的论文依次按发表时间的倒序排列且文章具有不同的序号，当排序后的文章序号等于该文章的被引频次时，则这个序号值就是该学者 h 指数的数值。"[2]h 指数越大表明其学术影响力越强。如果一名科研人员只是发文数量多而质量不高，被引用的论文篇数很少，或被引用次数很少，那么他的 h 指数就会比较小。论文数量和 h 核内论文（被引量排在前 h 的论文）被引数量的变化都不会引起 h 指数的变化，只有更多 h 核外论文被引数量增加才有可能引起 h 指数增加，所以 h 指数测度的是科研人员的持续绩效。

（二）类h指数的发现

h 指数巧妙地将作者发表论文的数量与反映论文质量指标的引频结合在一起，克服了以往评价科学工作者科研成果单项指标的缺点。h 指数虽然不受单纯论文数量增长的直接影响，克服了以文章数量论英雄的缺点，但对高引频论文和低引频论文均不敏感，因此它不利于客观评价那些论文数量少而引频高的科学家，或刚开始从事科学研究的青年科技工作者的学术水平。[3]

h 指数存在对高被引论文及 h 核内文章被引增量不敏感的缺陷。计量学家埃格赫认为，一个体现科学家或期刊整体质量的测度应当能够处理高被引论文的表现，即使是被认定为顶级的成果，也应该将他们的引用次数计算在内。对此，他在 2006 年提

① Jorge Hirsch. An Index to Quantify an Andividual's Scientific Research Output [J]. PNAS, 2005, 102 (46): 569-572.

② Ronald Rousseau. New Developments Related to the Hirsch Index[J]. Science Focus, 2006: 1-4.

③ 隋桂玲 .g 指数与 h 指数、e 指数的关系及其文献计量意义 [J]. 图书情报工作, 2013, 57 (23): 90-94.

出了第一个独立的类 h 指数——g 指数。将某作者的论文按被引量排序，当前 g 篇论文的被引量之和大于或等于 g^2，且前（g+1）篇论文的被引量之和小于（g+1）^{2}，g 这个数值即为该作者的 g 指数。[1] 从定义可以知晓 g ≥ h，且随 g 核内论文被引量增长而扩大，g 指数越大表明学术影响力越大。g 指数能有效体现高被引论文的分布情况，对论文产出量少但被引次数多的作者和机构更为公正，弥补了 h 指数的不足，在实际应用中，常常作为 h 指数的补充指标。

在此基础上，埃格赫最早提出了将 h 指数和 g 指数组合使用的想法，引入了 g/h 值和（g-h）值。[2] 叶鹰在《h 指数和类 h 指数的机理分析与实证研究导引》一文中，将（g-h）称为学术差，将 g/h 称为学术势。[3] 学术差和学术势计算的是 h 指数和 g 指数二者的差异强度，由于 h 指数和 g 指数的主要区别在于对高被引论文的敏感性，所以学术差和学术势越大，表明该对象 h 核内存在被引次数集中度越高的高质量论文。

（三）h指数和g指数的应用扩展

一些学者通过研究发现，h 指数还可以用于评价学术期刊、学科、科研项目、组织机构、地区甚至国家的学术影响力。如布劳恩等于 2006 年进行的研究，通过统计期刊的发文和被引数来计算其 h 指数，然后将该数值与这些期刊的影响因子进行比较，认为 h 指数可以用于学术期刊的学术影响力评价；班克斯在其 2006 年的文章中，将 h 指数拓展到度量科学主题，论证了 h 指数以研究主题为对象的应用有效性；范拉恩用 h 指数对研究机构进行评测，发现 h 指数对那些规模比较大的研究小组尤其适用；万锦堃等在 2007 年发表的文章中提出 h 指数可以用于高校学术能力和影响力评价。[4]

陈媛媛提出将 h 指数和 g 指数、学术差和学术势的应用拓展到智库学术影响力的评价中，并将智库 h 指数定义为"该智库机构在一段时间内发表的学术成果，若有 h 篇论文的被引频次均大于或等于 h，其余论文的被引频次均小于 h，那么这个 h 数值

———————————

[1] Leo Egghe. An Improvement of the h-index：the g-index［J］.Issi Newsletter，2006，2（1）：8-9.

[2] Leo Egghe. Theory and Practice of the g- index. Scientometrics，2006，69（1）：131-152.

[3] 叶鹰 .h 指数和类 h 指数的机理分析与实证研究导引［J］.大学图书馆学报，2007（5）：2-5.

[4] 整理自陈媛媛在《智库学术影响力评价研究》一文中的总结。

就是该智库的 h 指数值";将智库 g 指数定义为"该智库机构发表的学术成果按照被引频次降序排列,当有 g 篇论文的总被引频次大于或等于 g^2,且前(g+1)篇论文总获得的引文频次小于(g+1)^2,那么 g 就是该智库机构的 g 指数"。[①]在智库学术影响力的评价中,h 指数和 g 指数具有适用性,它们在智库学术影响力评价中的定义、作用及特点如表 3-50 所示。

表 3-50 h 指数、g 指数、学术差、学术势在智库学术评价中的定义、作用及特点

指数名称	定义	作用	特点
h 指数	将某智库一段时间内的论文按被引量排序,当第 h 篇论文的被引量大于或等于 h,且第(h+1)篇论文的被引量小于(h+1),h 这个数值即为该智库的 h 指数	综合考察智库论文产出力和影响力,h 指数越大表明其学术影响力越强	对高被引论文及 h 核内文章被引增量不敏感;数值区分度不高,有时会出现同值的情况,难以比较
g 指数	将某智库一段时间内的论文按被引量排序,当有 g 篇论文的被引量之和大于或等于 g^2,且前(g+1)篇论文的被引量之和小于(g+1)^2,g 这个数值即为该智库的 g 指数	作用与 h 指数近似,常为 h 指数的补充指标	解决了 h 指数对高被引论文不敏感的缺陷,能有效体现高被引论文的分布情况,对论文产出量少但被引次数多的作者和机构更为公正
学术差	g 指数与 h 指数的差值	表征较高水平论文分布的情况,可判断智库的高水平论文的层次;数值越大表明该智库被引量高的论文越多	学术差的计算方法决定其取值为整数,结果直观;但有时会出现同值的情况,难以比较
学术势	g 指数与 h 指数的比值		取值为小数,较少出现同值,更有区分度

(四)h指数和g指数在本研究的应用

h 指数和 g 指数的作用、特点符合本研究的评价目的。本研究将综合采用 h 指数和 g 指数,对 27 家新闻出版行业智库进行学术影响力评价。测度方法为:在中国知网中国引文数据库中,以智库名称检索智库 2011~2018 年发表的被引论文,对结果进行人工筛选,保留与新闻出版相关的论文,按被引量排序,计算 h 指数、g 指数。h 指数越大则智库学术影响力越大,以 g 指数作为补充数据项,对相同 h 指数的智库进行区分。

① 陈媛媛. 智库学术影响力评价研究 [J]. 图书馆论坛,2017(12):54-60.

二 智库学术影响力数据采集

本部分评价的数据来源为中国知网中国引文数据库中各智库的引文数据，检索时间段为 2011~2018 年，检索范围（文献分类目录）包括哲学与人文科学—文化，信息科技—新闻与传媒、出版，经济与管理科学—文化经济—新闻出版产业。

具体检索方法为：进入中国引文数据库，在检索条件的被引单位一栏处输入要检索的智库机构名称，匹配模式为"精确"，出版年一栏选择 2011~2018 年，检索结果为此时段该智库所有作者发表的被引用过的论文。考虑到部分机构存在名称变更、机构调整的情况，检索时将机构曾用名或多种称谓均作为检索条件进行多次检索，结果按被引量排序。数据检索时间为 2020 年 5 月。

三 智库学术影响力得分

将 h 指数和 g 指数结合评价智库学术影响力的效果较好，能实现质和量的统一评价。h 指数可大体区分出智库机构学术影响力等级水平，针对 h 指数对高被引论文不敏感的缺点，可用 g 指数辅助测评。学术差和学术势是表征智库学术影响力中较高水平论文分布情况的指标，可判断智库高水平论文的层次。[①] 因此，本研究在对智库机构进行学术影响力评价时，先用 h 指数进行排序，得出大体的等级区分，然后再对相同 h 值的智库用 g 指数进行排序。学术差和学术势在此仅作为参考值，不作为影响力评价及排序依据。各智库被引论文 h 指数、g 指数如表 3-51 所示。

表 3-51　2011~2018 年智库被引论文 h 指数、g 指数（新闻出版领域）

序号	智库名称	h 指数	g 指数	学术差	学术势
1	安徽省社会科学院新闻与传播研究所	6	10	4	1.67
2	北京大学新闻与传播学院	31	48	17	1.55
3	北京师范大学出版科学研究院	3	4	1	1.33
4	复旦大学新闻学院	49	73	24	1.49
5	贵州省社会科学院传媒与舆情研究所	0	0	0	—
6	国家广播电视总局广播影视发展研究中心	1	1	0	1

[①] 陈媛媛. 智库学术影响力评价研究［J］. 图书馆论坛，2017（12）：54-60.

续表

序号	智库名称	h 指数	g 指数	学术差	学术势
7	河北省社会科学院新闻与传播学研究所	4	6	2	1.50
8	湖南师范大学新闻与传播学院	25	44	19	1.76
9	华中科技大学新闻与信息传播学院	32	46	14	1.44
10	暨南大学新闻与传播学院	38	56	18	1.47
11	南京大学新闻传播学院	33	50	17	1.52
12	南京师范大学新闻与传播学院	25	36	11	1.44
13	清华大学新闻与传播学院	42	62	20	1.48
14	人民网新媒体智库	6	9	3	1.50
15	人民网研究院	9	22	13	2.44
16	上海交通大学媒体与传播学院	9	14	5	1.56
17	四川大学文学与新闻学院	36	56	20	1.56
18	四川省社会科学院新闻传播研究所	10	16	6	1.60
19	武汉大学新闻与传播学院	37	52	15	1.41
20	浙江省传播与文化产业研究中心	0	0	0	—
21	中国传媒大学国家传播创新研究中心	5	10	5	2.00
22	中国传媒大学新闻传播学部	21	39	18	1.86
23	中国人民大学深圳研究院	0	0	0	—
24	中国人民大学新闻学院	68	114	46	1.68
25	中国人民大学新闻与社会发展研究中心	24	40	16	1.67
26	中国社会科学院新闻与传播研究所	21	30	9	1.43
27	中国新闻出版研究院	18	24	6	1.33

四 智库学术影响力排名及解读

各智库学术影响力排名如表 3-52 所示。

表 3-52 新闻出版行业智库学术影响力排名 Top10

排名	智库名称	排名	智库名称
1	中国人民大学新闻学院	6	四川大学文学与新闻学院
2	复旦大学新闻学院	7	南京大学新闻传播学院
3	清华大学新闻与传播学院	8	华中科技大学新闻与信息传播学院
4	暨南大学新闻与传播学院	9	北京大学新闻与传播学院
5	武汉大学新闻与传播学院	10	湖南师范大学新闻与传播学院

从指数结果来看，中国人民大学新闻学院的 h 指数、g 指数均为最高。该智库的论文生产能力强，2011~2018 年发表的论文中被引论文总数超过了 1800 篇。该智库的学术差数值在 27 家智库中最高，表明其被引量高的文章有多篇；h 指数核内前 30 篇文章的篇均被引次数高达 245，被引次数超过 100 的文章有 34 篇，这反映出该智库论文的总体影响力是比较高的。被引频次最高的 2 篇文章是彭兰的《场景：移动时代媒体的新要素》和方洁、颜冬的《全球视野下的"数据新闻"：理念与实践》，分别被引 925 次和 537 次。中国人民大学新闻学院在论文产出方面呈现产量高、被引量高、高被引文章多的特点，在学术影响力方面的优势明显。

暨南大学新闻与传播学院和四川大学文学与新闻学院的 h 指数较高，且学术差及学术势数值较低，表明其 g 指数核内文章被引量分布较为平均。结合被引数据来看，h 指数核内文章的篇均被引次数与 g 指数核内文章的篇均被引次数均相差不多，可以说这两家智库的文章成果具有较高的平均水准。

在全部智库中，人民网研究院的学术势数值最高。人民网研究院 2011~2018 年发表的相关论文中，官建文等的《大数据时代对于传媒业意味着什么？》被引量最高，文章被引 76 次，是 g 核内文章平均被引频次的 4.6 倍。其论文被引情况具有高集中度的特征。

第三节　社会影响力评价

智库社会影响力反映的是智库对公众意识与行为的引导能力，智库通过在大众媒体公开发表自己的观点来影响普通大众关于某个政策的观点。本研究以智库网络媒体曝光度和智库网络传播能力的综合表现来评价智库社会影响力。

一　智库社会影响力测度方法

网络媒体曝光度衡量的是智库的被报道量，由智库的总网络报道量和国内主流网络媒体对智库的报道量 2 个三级指标构成，反映智库在外部宣传渠道的知名度和活跃程度。网络传播能力衡量的是智库自身宣传渠道的建设及运营状况，由智库官方网站建设情况及访问量、智库公众平台建设情况及关注度2个三级指标构成，反映智库自身对外的宣传运营能力（见表3-53）。

表3-53　智库网络媒体曝光度及网络传播能力的测度方法

社会影响力二级指标	三级指标	测度方法
智库网络媒体曝光度	总网络报道量	用搜索引擎对智库名称进行搜索，统计关于各智库的报道数量；在百度高级搜索中，以智库名称为关键词检索（设置关键词位置为仅网页的标题，时间为最近一年）
	国内主流网络媒体报道量	在光明网以智库名称进行搜索，统计关于各智库的报道数量，设置检索方式为全文精确检索
智库网络传播能力	官方网站建设情况及访问量	是否设立官方网站
		使用中国站长工具（seo.chinaz.com）查看各智库官方网站的百度预计流量
	智库公众平台建设运营情况及关注度	是否注册微博官方账号
		微博官方账号粉丝数
		微博官方账号微博条数
		是否注册微信公众号
		微信公众号原创文章数

注：在最初设计的智库网络媒体曝光度的计算中，我们采用新华网、人民网以及光明网三家媒体的新闻量作为国内主流网络报道量的具体指标参与计算；但在实际统计中，新华网、人民网关于各智库的新闻信息检索结果数量过少，难以分层，因此本次计算仅将光明网的新闻量作为计算指标。

二　智库社会影响力数据采集

本部分评价的数据来源为百度搜索、光明网、中国站长工具，以及智库官方网站、新浪微博、微信公众号。数据采集时间为：智库微博官方账号的粉丝数、微博发布数量及微信公众号的原创文章数于2020年11月28日采集，官网百度流量预计数值、网络报道量于2020年11月29日采集。关于数据采集的几点说明如下。

（1）百度预计流量：chinaz.com是较为常用的站长类网站，其百度预计流量是通过统计网站所有有排行的关键词（一定要有百度指数的词）跟它的具体排名，反推计算的预计流量，虽然不代表该网站的实际访问流量，[①]但可以在一定程度上反映某网站的被访问情况。

（2）本研究关于未使用"日均页面浏览量"指标的说明："页面浏览量"（PV）是目前判断网站访问流量最常用的指标，但由于 chinaz.com 等站长类网站只对百度权重大于 1 的网站统计 Alexa 数据，并且根据 Alexa 排名进一步统计数据，估算网站 IP 及PV 值，所以各智库中百度权重未大于 1 的均无法获取其日均页面浏览量数据。此外，部分智库为大学或科研单位的下属机构，对其做 Alexa 排名查询时，结果均为其所属上级单位的相关数据，不能够反映该智库本身的网站访问情况。以上两点是我们未使用日均页面浏览量指标的原因。

三　智库社会影响力得分

（一）智库网络媒体曝光度

本研究对 27 家智库的总报道量及主流媒体报道量数据进行采集，并依据每个分项的报道量排名，计算智库网络媒体曝光度排名分数。排名分数越低，智库网络媒体曝光度越高。计算公式为：网络媒体曝光度排名分数 = 总网络报道量排名 ×50% + 光明网报道量排名 ×50%。各智库网络报道量数据如表 3-54 所示。

（二）智库网络传播能力

本研究对 27 家智库的公众平台和官方网站数据进行采集，并依据每个分项排名计算智库网络传播能力排名分数。排名分数越小，智库网络传播能力越高。计算公式为：网络传播能力排名分数 =（微博官方账号粉丝数排名 ×50%+ 微博发布数排名 ×50%）×33.33%+ 微信公众号原创文章数排名 ×33.33%+ 官网百度流量预计排名 ×33.33%（结果保留两位小数）。各智库公众平台数据如表 3-55 所示。

四　智库社会影响力排名及解读

智库社会影响力由智库网络媒体曝光度和智库网络传播能力两部分组成。各智库社会影响力排名如表 3-56 所示。

---

① 百度百科.百度权重［EB/OL］.［2020-04-18］.https://baike.baidu.com/item/%E7%99%BE%E5%BA%A6%E6%9D%83%E9%87%8D/10983779?fr=aladdin.

表 3-54 智库网络报道量数据（按智库名称拼音排序）

序号	智库名称	总网络报道量	总网络报道量排名	主流媒体（光明网）报道量	主流媒体报道量排名
1	安徽省社会科学院新闻与传播研究所	0	24	0	24
2	北京大学新闻与传播学院	44100	4	298	4
3	北京师范大学出版科学研究院	0	24	4	20
4	复旦大学新闻学院	36900	5	277	5
5	贵州省社会科学院传媒与舆情研究所	0	24	0	24
6	国家广播电视总局广播影视发展研究中心	7	20	0	24
7	河北省社会科学院新闻与传播学研究所	1	22	1	23
8	湖南师范大学新闻与传播学院	6940	13	31	16
9	华中科技大学新闻与信息传播学院	1460	17	62	13
10	暨南大学新闻与传播学院	14600	10	112	7
11	南京大学新闻传播学院	13400	11	80	10
12	南京师范大学新闻与传播学院	795	18	5	19
13	清华大学新闻与传播学院	51800	2	780	1
14	人民网新媒体智库	36	19	31	17
15	人民网研究院	28000	6	50	14
16	上海交通大学媒体与传播学院	4010	15	75	11
17	四川大学文学与新闻学院	15800	9	85	9
18	四川省社会科学院新闻传播研究所	0	24	2	21
19	武汉大学新闻与传播学院	22300	7	69	12
20	浙江省传播与文化产业研究中心	1	22	0	24
21	中国传媒大学国家传播创新研究中心	3	21	16	18
22	中国传媒大学新闻传播学部	4490	14	94	8
23	中国人民大学深圳研究院	1650	16	2	21
24	中国人民大学新闻学院	46000	3	613	3
25	中国人民大学新闻与社会发展研究中心	87900	1	38	15

续表

序号	智库名称	总网络报道量	总网络报道量排名	主流媒体（光明网）报道量	主流媒体报道量排名
26	中国社会科学院新闻与传播研究所	12900	12	272	6
27	中国新闻出版研究院	16700	8	683	2

注：①"总报道量"统计方法为：在百度高级检索中，以智库全称为检索条件，以 2019 年 11 月 30 日至 2020 年 11 月 29 日为检索时间范围，检索智库相关资讯的数量（来源范围限制在媒体网站）。②"主流媒体报道量"统计了发布在光明网上的全部报道数量，检索方式为全文精确检索。

表 3-55　智库公众平台数据（按智库名称拼音排序）

序号	智库名称	微博官方账号				微信公众号		官方网站流量预计	
		粉丝数	粉丝数排名	微博条数	微博条数排名	原创文章篇数	原创文章数排名	数量	排名
1	安徽省社会科学院新闻与传播研究所	—	12	—	12	—	17	—	22
2	北京大学新闻与传播学院	—	12	—	12	—	17	80	15
3	北京师范大学出版科学研究院	—	12	—	12	—	17	2	20
4	复旦大学新闻学院	4265	8	195	8	5	13	195	9
5	贵州省社会科学院传媒与舆情研究所	—	12	—	12	—	17	—	22
6	国家广播电视总局广播影视发展研究中心	—	12	—	12	—	17	—	22
7	河北省社会科学院新闻与传播学研究所	—	12	—	12	—	17	—	22
8	湖南师范大学新闻与传播学院	112	11	141	10	2	15	378	4
9	华中科技大学新闻与信息传播学院	—	12	—	12	78	10	207	8
10	暨南大学新闻与传播学院	7875	4	705	4	0	17	94	14
11	南京大学新闻传播学院	7048	6	438	5	834	2	174	10
12	南京师范大学新闻与传播学院	2096	9	216	7	876	1	269	7
13	清华大学新闻与传播学院	13303	3	123	11	—	17	126	13
14	人民网新媒体智库	—	12	—	12	430	4	—	22
15	人民网研究院	23551	2	13620	1	17	12	470	2
16	上海交通大学媒体与传播学院	—	12	—	12	—	17	130	12

续表

序号	智库名称	微博官方账号				微信公众号		官方网站流量预计	
		粉丝数	粉丝数排名	微博条数	微博条数排名	原创文章篇数	原创文章数排名	数量	排名
17	四川大学文学与新闻学院	—	12	—	12	82	8	406	3
18	四川省社会科学院新闻传播研究所	—	12	—	12	—	17	501	1
19	武汉大学新闻与传播学院	7204	5	281	6	80	9	333	5
20	浙江省传播与文化产业研究中心	—	12	—	12	2	15	—	22
21	中国传媒大学国家传播创新研究中心	—	12	—	12	28	11	27	16
22	中国传媒大学新闻传播学部	—	12	—	12	614	3	280	6
23	中国人民大学深圳研究院	344	10	191	9	0	17	23	17
24	中国人民大学新闻学院	25434	1	1707	2	327	6	156	11
25	中国人民大学新闻与社会发展研究中心	4742	7	1548	3	5	13	6	18
26	中国社会科学院新闻与传播研究所	—	12	—	12	407	5	3	19
27	中国新闻出版研究院	—	12	—	12	203	7	0	21

表 3-56　新闻出版行业智库社会影响力排名 Top10

排名	智库名称	排名	智库名称
1	中国人民大学新闻学院	6	武汉大学新闻与传播学院
2	人民网研究院	7	中国传媒大学新闻传播学部
3	北京大学新闻与传播学院	8	中国新闻出版研究院
4	清华大学新闻与传播学院	9	复旦大学新闻学院
5	南京大学新闻传播学院	10	华中科技大学新闻与信息传播学院

　　智库通过主流媒体发表观点或通过官方网站和社交平台公众号宣传成果，都是实现智库研究成果影响最大化、有效拓展智库社会影响力的有效手段。可以发现，一些智库网络报道量高，而网络传播能力低，该特征比较明显的智库有中国新闻出版研究院、清华大学新闻与传播学院、上海交通大学媒体与传播学院、北京师范大学出版科学研究院。其中，清华大学新闻与传播学院没有开设微信公众号；上海交通大学媒体与传播学院、北京师范大学出版科学研究院既没有官方微博也没有微信公众号；中国新闻出版研究院虽开设了微信公众号并持续运营，但没有官方微博，官方网站的浏览

量也偏低，致使其网络传播能力总体较弱。这些智库在对外宣传方面主要依赖于外部媒体的报道，在智库内部没有建立起有效的对外宣传途径，宣传策略比较被动。

另一些智库的情况则相反，如南京师范大学新闻与传播学院的网络报道量数据都偏低，但移动公众平台关注度及官网流量较其他智库要高得多。该智库在移动公众平台和网站建设上做到了全面发展，在微信公众号的运营宣传上非常积极。

各智库综合影响力排名如表 3-57 所示。排名计算方法及计算公式见第二章第二节"二、本研究影响力评价指标体系及说明"。

表 3-57 新闻出版行业智库综合影响力排名 Top10

排名	智库名称	排名	智库名称
1	中国人民大学新闻学院	6	南京大学新闻传播学院
2	清华大学新闻与传播学院	7	中国传媒大学新闻传播学部
3	复旦大学新闻学院	8	中国新闻出版研究院
4	武汉大学新闻与传播学院	9	华中科技大学新闻与信息传播学院
5	北京大学新闻与传播学院	10	四川大学文学与新闻学院

第四章
中国新闻出版行业智库发展对策建议

第一节　中国新闻出版行业智库发展特征

一　智库城市集聚特征明显

从智库所在城市的行政级别看，本次研究的 27 家智库中，14 家位于直辖市，12 家位于省会城市（见表 4-1）。从智库所在城市的商业资源集聚度[①] 看，25 家位于一线城市或新一线城市[②]，占比达 92.6%（见图 4-1）。可见，新闻出版行业智库的影响力与城市的行政优先级、经济发达程度具有比较明显的相关性。

表 4-1　本研究评价智库的所在省市分布

单位：家

所在省市	所在城市	数量
北京	北京	12
上海	上海	2
广东	广州	1
	深圳	1

---

① 新一线城市是第一财经·新一线城市研究所依据品牌商业数据、互联网公司的用户行为数据及数据机构的城市大数据，对中国 338 个地级以上城市排名得出。该榜单评价标准有商业资源集聚度、城市枢纽性、城市人活跃度、生活方式多样性和未来可塑性五大指标。

② 第一财经·新一线城市研究所公布的《2020 城市商业魅力排行榜》中，4 个一线城市是北京、上海、广州、深圳，15 个新一线城市依次是成都、重庆、杭州、武汉、西安、天津、苏州、南京、郑州、长沙、东莞、沈阳、青岛、合肥、佛山。

所在省市	所在城市	数量
河北	石家庄	1
四川	成都	2
湖北	武汉	2
江苏	南京	2
安徽	合肥	1
浙江	杭州	1
贵州	贵阳	1
湖南	长沙	1

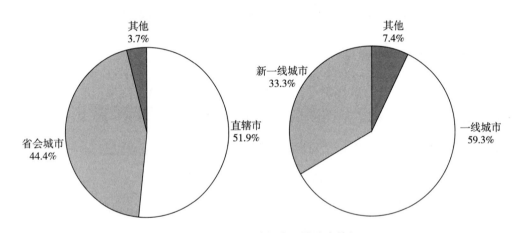

图 4-1　本研究评价智库区域分布特征

北京、上海作为直辖市是直属中央政府管理的省级行政单位，享有最高行政优先级。北京、上海、广州与深圳同为一线城市，商业价值很高，是全国的政治中心和经济中心。武汉、南京、成都、杭州等省会城市，具有较高行政级别，同时作为新一线城市的代表，经济实力亦不容小觑。本次评价的 27 家智库集中分布在一线或新一线城市，是智库布局目标导向和资源导向的结果，体现出智库产业向行政优势和经济优势区域聚集的特征。

党政部门智库以党中央、国务院直属研究机构为载体，科研院所智库以中央及地方社科院为代表。这两类智库在机构成立之初就确立了服务中央及地方党政决策的目标和任务，扎根政治中心建设是其以目标为导向的必然选择。

高等院校是高层次人才密集的机构。区域经济发展带动产业集聚，进而引导人才集聚，为高校集聚和智库建设提供了重要动力，围绕经济中心布局是高校智库以资源为导向的必然选择。

二　高校智库中传统强校优势明显

本次评价的27家智库中有17家是高校智库，其"985工程""211工程"和"世界一流大学"[①]重点建设项目获批情况如表4-2所示。"985工程"于1998年启动，支持39所高校结合国家创新体系进行重点建设。"211工程"于1993年启动，先后共有112所高校被纳入建设范围。"世界一流大学"名单于2017年9月由教育部公布，共42所高校。"985工程"和"211工程"是代表学校综合实力的称号，而"世界一流大学"是我国21世纪中叶成为高等教育强国的中流砥柱。据统计，17家高校智库中获批"985工程"的高校智库有12家，占比达70.6%；获批"211工程"的有17家，占比达100%；获得"世界一流大学"称号的有14家，占比达82.4%。同时获得3项称号的高校智库多达12家，占比达70.6%。可以看出，高校智库都来自中国顶尖的大学，在国家的重点支持下，多领域学科建设得到进一步强化，综合实力雄厚。

表4-2　本次评价的高校智库重点建设项目获批情况（按智库名称拼音排序）

智库名称	"985工程"高校	"211工程"高校	"世界一流大学"
北京大学新闻与传播学院	✓	✓	✓
北京师范大学出版科学研究院	✓	✓	✓
复旦大学新闻学院	✓	✓	✓
湖南师范大学新闻与传播学院	×	✓	✓
华中科技大学新闻与信息传播学院	✓	✓	✓
暨南大学新闻与传播学院	×	✓	×
南京大学新闻传播学院	✓	✓	✓

①　"双一流"指世界一流大学和一流学科。全国首批"双一流"大学名单共计137所，其中"世界一流大学"建设高校42所（A类36所，B类6所），"世界一流学科"建设高校95所。

续表

智库名称	"985 工程"高校	"211 工程"高校	"一流大学"建设高校
南京师范大学新闻与传播学院	×	√	√
清华大学新闻与传播学院	√	√	√
上海交通大学媒体与传播学院	√	√	√
四川大学文学与新闻学院	√	√	√
武汉大学新闻与传播学院	√	√	√
中国传媒大学国家传播创新研究中心	×	√	×
中国传媒大学新闻传播学部	×	√	×
中国人民大学深圳研究院	√	√	√
中国人民大学新闻学院	√	√	√
中国人民大学新闻与社会发展研究中心	√	√	√

三 科研院所智库占非高校智库半数

从类别分布看，本次评价的非高校智库中，有 5 家科研院所智库、2 家党政部门智库、2 家媒体智库和 1 家社会智库（见表 4-3）。

我国社科院体系诞生于 20 世纪 70 年代末，到 20 世纪 90 年代逐渐发展健全。2004 年，中共中央印发《关于进一步繁荣发展哲学社会科学的意见》，提出"要使哲学社会科学界成为党和政府工作的'思想库'和'智囊团'"；2015 年，中共中央办公厅、国务院办公厅印发《关于加强中国特色新型智库建设的意见》，要求"地方社科院、党校行政学院要着力为地方党委和政府决策服务，有条件的要为中央有关部门提供决策咨询服务"，进一步明确了社科院的智库定位。

中国社会科学院及地方社科院下设的新闻传播研究所承担着我国新闻学、传播学基础理论研究和应用对策研究的重任，是党和政府重要的思想库和智囊团。社科院通过项目委托等形式开展相关研究，并通过发表论文、发布报告、出版著作等方式传达智库思想。从项目来源看，社科院除承担相当数量的国家哲学社会科学规划重点研究项目外，还根据国家建设需要和学科特点及发展，确定院重点项目和所重点项目，同时承担国家有关部门提出或委托的对行业具有全局意义的重大理论和现实问题研究任务。研究方向主要包括新闻传播史，地方新闻事业的历史、现状、改革与发展，新闻学、传播学基础理论和应用对策研究，舆论引导，媒介与市场，新媒体等。

社科院智库在服务政府决策方面做出了贡献。安徽省社会科学院新闻与传播研究所的研究成果先后被安徽省政府和相关市县政府采纳，部分成果得到省领导的批示。河北省社会科学院新闻与传播学研究所完成教育部、省社科规划及院重点项目10多项，被中共中央政策研究室、国务院研究室、省委省政府领导纳入决策参考的研究成果有近20项。

表4-3　本次评价的非高校智库名单

智库名称	所属类别
安徽省社会科学院新闻与传播研究所	科研院所智库
贵州省社会科学院传媒与舆情研究所	科研院所智库
河北省社会科学院新闻与传播学研究所	科研院所智库
四川省社会科学院新闻传播研究所	科研院所智库
中国社会科学院新闻与传播研究所	科研院所智库
国家广播电视总局广播影视发展研究中心	党政部门智库
中国新闻出版研究院	党政部门智库
人民网新媒体智库	媒体智库
人民网研究院	媒体智库
浙江省传播与文化产业研究中心	社会智库

四　高校智库在学术影响力方面优势明显

在智库影响力分项排名中，高校智库的学术影响力表现较为突出，尤其排名靠前的高校智库，具有论文产出能力强、影响力高的特征。高校智库呈现这一特征与其人员结构和考核机制有一定关系。

本研究收集了各新闻出版行业智库科研团队建设方面的数据，高校智库专职教师及非高校智库专职研究人员数量如表4-4所示。从表中数据可以看出，超过88%的高校智库专职教师数量在20人及以上，大部分非高校智库专职研究人员数量较少，在20人以下。从高校智库专职教师及非高校智库专职研究人员的职称分布情况看（见表4-5），大部分高校智库的高级职称人员占比在60%及以上，而非高校智库中拥有高级职称的研究人员相对较少。高校智库在人员结构方面具有数量多、规模大、层次高等特点，这是其智库成果高产高质的主要原因之一。

表4-4　高校智库专职教师及非高校智库专职研究人员数量分布

单位：家，%

专职教师、研究人员数量区间	高校智库数量	占比	非高校智库数量	占比
100人及以上	2	11.8	1	20.0
60~99人	5	29.4	0	0
20~59人	8	47.1	1	20.0
20人以下	2	11.8	3	60.0

注：表中未统计聘用人数不明的智库。

表4-5　高校智库专职教师及非高校智库专职研究人员高级职称人员数量分布

单位：家，%

高级职称人员占比区间	高校智库数量	占比	非高校智库数量	占比
80%及以上	3	20.0	1	25.0
60%~79%	9	60.0	1	25.0
60%以下	3	20.0	2	50.0

注：表中未统计人员职称情况不明的智库。

从职称职位评定看，高校智库实行的是教师专业技术职务任职资格评审体系。评审内容包括思想政治、学历资历、业务条件、工作业绩等，其中业绩成果主要考察论著的发表情况。以某高校实行的教师专业技术职务任职制度为例，在教授任职资格评审条件中明确规定了论文发表数量和期刊级别要求等，对教师提出了较高的成果产出要求。科研院所智库和党政部门智库采用科研人员职称评定体系，除考核成果产出外，还加入了科研人员课题完成情况、项目承接情况及其他实绩的考核，较高校智库而言相对弱化论著发表数量要求。考核制度下的论著导向，是高校智库成果高产的另一原因。但本研究发现，高校智库高被引文章的研究内容还是以新闻出版产业发展现状及趋势为主，具有影响力的政策前瞻性、建议性成果还比较少。高校作为教育机构和学术机构的属性相对鲜明，尚未形成"通过学术成果传播政策观点，进而影响决策"的模式。

五　大部分智库官方网站建设有待完善

在社会影响力评价中，智库官网建设情况是一项重要指标。官方网站是智库对外宣传的第一平台，是让外界了解智库建设、运营和发展情况的一张名片。从分项评价结果可以看出，大多数智库的官网建设还不完善。

经研究发现，入选智库在官方网站的栏目设置上，既存在共性，也存在差异。简介或概况、研究人员或师资队伍、机构动态或新闻公告、智库成果、科研课题或项目是智库官网上较为通用的栏目。除此以外，各类别智库结合机构功能和特点灵活设置其他栏目，如高校智库通常还设有人才培养、招生就业等面向学生的资讯类栏目，媒体智库还设有推介性质的产品介绍栏目。

智库官网公开的信息是否全面、更新是否及时、运营是否持续，能够反映出智库的信息化程度和平台运营能力，以及是否具有传播意识。我们就入选智库网站中5个通用栏目的信息公开情况和更新情况进行了调查，结果如图4-2所示。从统计结果可以看出，8%的入选智库忽略了最重要的机构介绍，25%的入选智库的机构介绍、概况半年以上未更新；26%的智库没有对研究人员、师资队伍的构成进行详细介绍；33%的入选智库半年以上未更新智库成果；45%的入选智库在科研课题和项目介绍方面是空缺的；等等。由此可见，大部分智库的官网建设还有欠缺，信息公开程度还不到位，智库传播意识还有待加强。

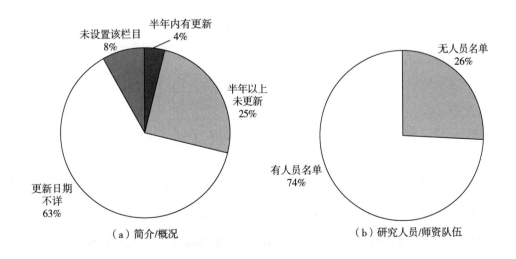

（a）简介/概况　　　　　　　（b）研究人员/师资队伍

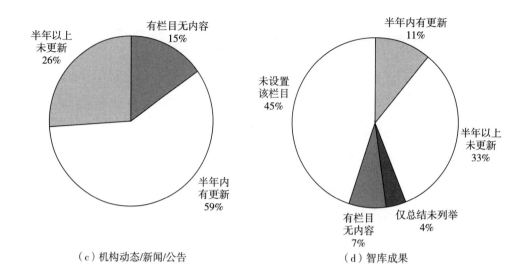

（c）机构动态/新闻/公告　　　　　　　（d）智库成果

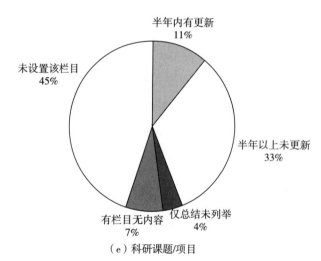

（e）科研课题/项目

图 4-2　入选智库官方网站各栏目信息公开及更新情况

注：图中未统计没有开设官方网站的智库。

第二节　中国新闻出版行业智库建设存在的问题及发展建议

党的十八大以来，我国智库建设成效显著，智库数量已达到世界前三，为新时期党和政府战略决策做出了重要贡献。但客观而言，我国智库发展水平相比世界智库强国仍有较大差距，还存在诸多问题亟待解决，主要体现在核心智库不多、智库创新能力不强、政策与制度环境不完善等方面，亟须加大改革创新力度，加快推动我国智库迈向高质量发展新阶段。

一　智库概念趋于泛化，提升核心功能是发展方向

2015 年 1 月，中共中央办公厅、国务院办公厅印发《关于加强中国特色新型智库建设的意见》（以下简称《意见》），智库建设被提到国家战略高度。自《意见》发布以来，我国智库迎来了数量上的大飞跃。有关机构曾估算，仅 2014~2015 年，我国新建的各类智库就达到 5000 家左右。[①] 各类机构都在建立附属于或独立于自身机构的研究部门或机构，而且都冠名以"智库"，如企业下属的研究机构更名为"智库"、高校建立独立政策研究所等。[②] 这股兴建智库的浪潮同样席卷了新闻出版行业，报社、出版集团、传媒集团借助信息资源和专家资源优势纷纷创办智库，一批媒体智库在 2015 年前后扎堆成立。伴随着"智库热"的是智库概念泛化、定位模糊的现象越来越严重。这些智库是真的智库，还是只是冠以智库之名的研究机构？

20 世纪 60 年代，现在意义上的智库概念开始流行，它泛指一切进行未来规划性研究并为政府提供决策参考的研究机构。从本质上看，智库不同于一般研究机构——智库针对现实问题为有关机构提供策略性建议，以影响政府决策为研究目标，与理论、学术研究相比，更注重研究结果要"有用"；也不同于咨询机构——咨询机构为企业提供公司战略、竞争战略方案，帮助企业解决管理和经营问题，智库则处于更高的格局，着眼于宏观和长远的公共政策问题，在研究主题的选定、研究结果的呈现等方面有一定独立性。然而随着社会发展，智库的功能也在不断发生变化，服务对象层次由核心层向中间层及边缘层延伸、服务形式由单一向多元化发展，包括为社会、企事业单位提供决策支撑与运营管理支持，通过出版论著、发表评论、接受采访等各种方式对社会公众进行政策的解读、普及等。但归根结底，政策研究及决策咨询仍是智库最根本、最核心的功能，丧失这一功能的智库不能称为智库。

① 荆林波等.全球智库评价报告（2015）[M].北京：中国社会科学出版社，2016:45.
② 王辉耀，苗绿，邓莹.中国社会智库的运营创新探析 [J].智库理论与实践，2016，1（02）：55-62.

当下中国称为智库者有上千家，其中很多不具备政策咨询能力。一些智库在研究团队及研究能力方面积累薄弱，高质量的成果产出少，决策咨询参与程度低，将工作重点放在品牌打造，一味追求知名度，将智库建设停留在形式之上，脱离了智库的定位与职责。

避免智库定位出现混乱，保证智库生态体系健康良性发展，一方面需要有关部门的严格规范和引导，另一方面需要智库建设机构冷静思考。在智库建立之前，机构要对自身研究领域和公共政策的相关性及研究优势有清醒的认识，切勿盲目追逐"智库热"。决定向智库转型的研究机构，首先要明确智库的职能和定位，在确立转型路线时，要将资政能力建设始终作为核心发展方向，聚焦综合性、专业性、长远性问题调研资政，使智库更好地服务于政府。

二 智库创新能力不足，实现高质量发展是主要任务

习近平总书记指出，智库建设要把重点放在提高研究质量、推动内容创新上。现在我国智库数量位居世界前列，但决策靠得住、用得上的核心智库数量并不多。将量的发展向质的发展转变，实现高质量发展，是目前我国智库发展最重要的任务之一。

缺乏创新性是我国智库目前的主要问题，主要体现在智库专业性不高、问题研究不深入、研究成果不超前、对策反应不及时等方面。很多智库存在专业特点不明显的问题，没有在特定领域投入长期关注，缺乏专业性研究能力的积累；在研究主题选择上追逐热点，研究领域铺开面广但研究不深入，导致研究成果出现空泛无物和低水平重复的情况。通过前文的比较分析可以发现，几家政策影响力较大的新闻出版行业智库都有自己专长的研究领域。智库的研究要注重专精深而不在广，对特定领域、特定问题进行持续性跟踪研究，持续输出思想，逐步积累成果，力争成为这一领域的权威，最终形成发言权和政策影响力。

智库的思想要有深度，同时也要有战略性和前瞻性。仅在政策出台后对政府政策进行解读是远远不够的，智库研究不是媒体评论，不是简单的资料分析，"马后炮"式的研究成果对决策导向是毫无引领价值的。创新能力是智库的核心竞争力，是决定智库能否可持续发展的关键因素。智库应当在政策纠偏、战略预判、远景谋划方面发挥关键性作用：主动发现现行公共政策中的问题，提出针对这些问题的调

整建议方案；对未来局势进行评估和研判，制定中长期发展规划，并对发展规划施行结果做出评估预测；为未来发展进行储备性研究。前瞻性研究非常考验智库的政策灵敏度。此外，提升智库快速反应能力及智库产品时效性等也是提高智库竞争力的重要方面。

三 智库宣传有待加强，丰富传播途径是有效手段

从前文社会影响力评价部分的网站建设及移动公众平台运营情况来看，27 家新闻出版行业智库中建立了官方网站的智库有 21 家，开设了微信公众号的智库有 18 家，开设了微博官方账号的智库仅有 11 家。论坛及研讨会等推广活动开展得也比较有限。此外，目前各智库报送成果的主要途径是内部报告，形式比较单一，面向社会及公众的影响力较为有限。

缺乏成果上报及宣传意识，不重视宣传渠道建设，是新闻出版行业智库普遍的短板。智库应建立多元化的信息传播机制，与外部媒体建立常态化的联系机制，形成良好的合作关系；通过举办智库论坛、研讨会、成果发布会等活动，强化智库成果、人才和品牌的宣传；在内部运用新媒体手段，通过建立智库网站、经营微信公众号及微博等传播平台，广泛宣传智库咨询成果，发挥媒体在公共政策议程设置中的作用，实现智库自身及其研究成果的影响力最大化。

四 打开信息沟通渠道，完善决策咨询供需双向机制

信息不通畅是当前智库成果转化面临的最大问题。一方面，党政决策部门"求智若渴"，真正用起智库来又感到"不熟悉""不解渴"；另一方面，智库专家学者获取政策需求信息的渠道相对有限，有时只能靠"猜测"和"揣摩"来进行选题和研究。[①] 智库要做到及时响应决策层需求，提供精准服务，就需要加强与政府的沟通，建立资政供需双方信息交流的渠道。政府要从政策环境上支持决策部门与智库进行深层次合作，在政策调研、讨论、制定、实施、评估全过程广泛听取智库建议，鼓励智库与相应领域决策部门长期合作。供需双方要共同探索智

---

① 肖君华，骆辉，陈湘文，周湘智．高水平智库：在供需有效对接中精准发力［EB/OL］2019-01-14［2019-11-29］http://theory.people.com.cn/n1/2019/0114/c40531-30525496.html.

库服务管理模式，逐步完善决策咨询服务供给体系，开放智库研究成果政府采购，将智库提供的咨询服务纳入政府采购范围，建立符合供需双方诉求的购买机制。供给侧应建立智库信息公开档案，让决策部门准确掌握智库的定位、特性与研究专长。需求侧则应改进政府信息公开机制，拓宽信息公开范围，定期发布决策需求信息，让智库及时了解政府的决策需求，通过项目招标、政府采购、直接委托、课题合作等方式，引导相关智库开展政策研究、决策评估、政策解读等工作，让智库能够对症下药、有的放矢。

五 建立健全评价机制，加大智库资政参与积极性

目前高端研究报告不仅缺乏经济回报，甚至难有政治回报，这种状态对智库的可持续发展极为不利。[①] 此外，现有智库评价体系建设还有待进一步完善。受政府委托进行的研究，成果大多以内部报告的方式提交，第三方机构难以准确获取智库资政成果的产出数据和领导批示情况，这对智库政策影响力的评价带来了极大困难。面对这一问题，国内智库评价体系主要采用定性和定量评价两种解决方法，或邀请专家及同行为智库打分、排名，或通过自建数据收集平台、发放调查问卷让被评价智库自行填报数据，这两种方法在客观性和准确性上都或多或少有所欠缺。

评价智库的根本目的是为了更好地建设智库。完善智库成果采纳应用反馈制度和智库成果质量评价制度，建立适应我国智库实际情况的考核评价制度，科学合理制定考核标准与评价指标体系，对构建健康可持续的决策咨询体系将大有裨益。在专家评议及同行评议以外，智库评价要引入用户评价机制，让购买和使用智库产品的用户发表最直接的反馈和最有针对性的评价；要以资政质量和实际政策贡献为核心，综合考虑智库学术影响、社会影响、国际影响等因素；在平衡好保密性的基础上，适当提升智库评价的透明度，以评价促发展，发挥智库评价"指挥棒"作用，提升智库决策咨询成果的质量，更好地为党和国家工作大局提供重要参考。

---

① 黄仁伟，傅勇.中国新型智库建设与国际经验借鉴［J］.社会科学文摘，2016（03）：5-7.

第五章

案例：中国新闻出版研究院智库建设概况

第一节 研究院基本情况

中国新闻出版研究院是我国新闻出版领域唯一的国家级研究机构，曾先后隶属国家新闻出版总署、国家新闻出版广播电视总局，2018 年党和国家机构改革后由中共中央宣传部直接领导。中国新闻出版研究院前身是 1985 年 3 月成立的中国出版发行科学研究所，1989 年 8 月更名为中国出版科学研究所，而后经中央机构编制委员会办公室批复同意，于 2010 年 9 月 17 日更名为中国新闻出版研究院。

中国新闻出版研究院现有职工 200 余人，其中院本部 114 人。享受国务院政府特殊津贴 3 人、"四个一批"人才 3 人、行业领军人才 6 人。拥有正高级职称人员 12 人（院本部）、副高级职称人员 23 人（院本部）。研究院下设 8 个研究所：出版研究所（阅读研究与促进中心）、传媒研究所、印刷研究所、出版产业研究所（调查统计中心）、数字出版研究所、标准化研究所、出版法制与版权研究所、人才研究所；1 个中心：工程研发中心（信息中心）；研究院主办《出版发行研究》杂志社、《出版参考》杂志社、《传媒》杂志社、《新阅读》杂志社、中国书籍出版社；设立城乡统筹发展研究中心。

研究院以成为新型高端智库为建设目标，在科学研究、咨询服务、书刊出版、学术交流等方面做出了不懈努力，并取得了一些成果。在光明日报智库研究与发布中心发起的"2016 中国智库年度影响力评选"中，中国新闻出版研究院作为唯一一家入围的新闻出版行业智库，在榜单中排名靠前。研究院成立30多年来，共完成包括国家级课题、省部级课题及各种委托课题共1000余项。其中，国家社科基金项目、科技部项目、财政部项目等国家级项目包括《中国出版通史》编撰、"出版学科体系研究""全国国民阅读调查""数字出版商业模式研究""基于云计算的XML数据管理""文化内容多维度评价体系研究""新闻出版标准体系及重要标准研究"等，共20余项。

作为业界智囊，研究院始终为领导机关决策服务，参与了《著作权法》《出版管理条例》《全民阅读促进条例（草案）》等法规制定和修订工作，先后承担、参与了新闻出版业"九五""十五""十一五""十二五""十三五""十四五"发展规划、国家"十一五""十二五""十三五""十四五"时期文化发展规划纲要以及《关于进一步推动新闻出版业体制改革的指导意见》《全民阅读中长期规划》《版权发展纲要》《关于加快我国数字出版产业发展的若干意见》《关于促进全民阅读工作意见》等多个推动新闻出版业改革与发展的重要文件的调研、讨论、起草工作。2019年，研究院承接中宣部有关局办委托的科研任务20余项，包括关于《促进全民阅读工作意见》的起草、出版物分级标识研究、《新闻出版广播影视"十三五"发展规划》中期评估、内地上市的出版传媒企业经营情况分析、我国出版业发展促进政策研究、2018年全国图书出版单位规模评价研究、新闻出版立法程序规定研究、《新闻出版标准化管理办法》修订、网络出版与网络出版产业分类研究、2018~2019年中国网络文学发展研究、新闻传媒业改革发展现状问题及走向研究、报业融合发展规划研究、以审批准入推动媒体融合发展调研、县级报纸评估调研、2019年印刷复制监督管理风险研究、京津冀印刷业绿色化协同发展调研、"扫黄打非"三十年研究等。相关课题研究与中宣部重点工作全方位对接，较好地完成了中宣部交办的任务。

研究院在做好服务中宣部的同时，积极发挥行业智库功能，为行业改革发展服务。研究院先后为中国出版集团、山东出版集团、江西出版集团等出版集团，人民文学出版社、海关出版社、中国财政经济出版社等出版社设计改革流程和改革改组方案，制定单位发展战略、发展规划，助推出版单位转企改制；承担了中国出版集团有限公司、中国教育出版传媒集团有限公司、中国科技出版传媒股份有限公司、读者出版集团有限公司、中文在线数字出版集团股份有限公司、湖南天舟文化股份有限公司等单位上市募投项目的可行性论证工作，为企业上市融资加速发展提供支持；承担了黑龙江出版集团、英大传媒投资集团有限公司、人民美术出版社、中国法制出版社、九州出版社、广东高等教育出版社、凤凰互娱、掌阅科技等企事业单位委托课题。

研究院坚持开展多项基础性、公益性的统计调查活动，连续实施全国新闻出版业调查统计工作、出版物进出口监测工作、全国版权相关产业经济贡献调查工作、全国国民阅读调查工作等多项基础调查统计任务，为政府和行业决策提供数据支持，得到政府部门及业界、学界的高度认可，社会影响广泛。

在传统研究优势之外，研究院依托国家重大工程，在新闻出版与新技术融合领域发力。"数字版权保护技术研发工程"是四大新闻出版重大科技工程之一，被列入国家"十一五"与"十二五"时期文化发展规划纲要。中国新闻出版研究院作为工程总体组、管控包、标准包牵头单位，在工程研发过程中协助开展各项组织管理工作。工程于2016年5月竣工，取得的直接成果包括1套标准体系、6项核心技术、5类版权保护应用系统和1个数字版权保护技术管理与服务平台。同时，工程的技术需求书与技术总体方案等重要文件及时向业内公开，研发过程全程透明，引起业内广泛关注与参与，取得丰硕的间接成果。此外，应国务院印发的《促进大数据发展行动纲要》要求及国家新闻出版广电总局的批复，2016年，中国新闻出版研究院开始承担知识资源服务中心筹建工作。研究院积极推进出版业知识服务发展，已成功开展三批知识资源服务模式试点单位征集工作，并组织开展知识服务标准的研制；组织召开首届中国出版业知识服务大会，为出版业提供了沟通交流平台；筹建知识资源服务中心，成为我国首个面向社会提供知识服务的国家级公共服务机构；搭建国家知识服务平台，完成首个出版行业专业知识服务门户网站。这一系列工作为推动出版业专业知识服务发展起到了良好示范引导作用。

全国新闻出版标准化技术委员会秘书处设在研究院，多项国家标准、数十项行业标准，一项国际标准制定完成，推动了行业标准化工作。数字出版标准符合性测试实验室的建立，为新闻出版行业开展标准符合性测试奠定了基础。

　　研究院持续开展出版基础理论研究，从建所之初编辑出版的《编辑学论集》《出版学概论》，到历时八年编撰完成的《中国出版通史》，都成为出版专业的入门必备书籍。研究院长期的科研活动积累形成了一批品牌项目，中国出版蓝皮书系列、国际出版蓝皮书系列、数字出版年度报告均已连续出版十余册；此外，还有《中国民营书业发展报告》《中国动漫游戏产业年度报告》《中国印刷业发展报告》《出版集团发展创新报告》《新闻出版传媒集团经营数据分析报告》《农家书屋工程建设研究报告》等一大批科研成果，为行业发展提供了重要数据和发展建议。

　　此外，研究院的科研人员还撰写了多部在行业内有较大影响的著作，如《数字出版商业模式研究——传统出版到数字出版全景式思考》《坚守与变革？遭遇大数据时代的传统出版业》《出版业知识服务转型之路——国家知识资源服务模式试点研究》《全球数字版权保护技术跨世纪追踪与分析（1994~2017）》《数字版权保护技术在垂直领域的应用》《中国数字内容产业市场格局与投资观察》《阅读社会学——基于全民阅读的研究》《新中国新闻出版业70年》等。

　　研究院在注重科研主业同时，强调科研成果的转化。数字出版博览会和数字出版年会已连续举办十余届，国际数字出版大会已举办两届。此外，由研究院主办的中国数字出版博览会、中国数字出版年会、输出引进版优秀图书评选、中国期刊创新年会、中国传媒年会、全国新闻出版业网站年会、中国民营书业高峰论坛、中韩学术出版年会等会议活动都已成为业界沟通交流的重要平台，成为行业极具影响力的品牌项目。研究院举办的"MPR出版物国家标准应用推广""期刊编辑实务培训"等培训活动，在业界获得了良好的口碑。

　　在国际交流与合作方面，中国新闻出版研究院与国际标准化组织、世界知识产权组织等国际组织及美、英、法、德、日、韩等国家出版界有着广泛的业务联系。与美国出版商协会、英国出版商协会、英国出版研究中心、韩国出版学会、韩国出版文化振兴院、日本出版学会、佩斯大学、纽约大学、英国牛津布鲁克斯大学等组织机构曾联合举办过诸多相关活动或业务交流。2000年以来，研究院先后聘请了来自美、英、德、日、韩等国家的外籍特约研究员9名，还积极组织开展专业人才的国外学习、交流与培养工作，每年均有派出业务骨干进行交流访问。

第二节 科研项目概况

据不完全统计，1996~2018 年，中国新闻出版研究院完成课题约 966 项。历年课题数量如图 5-1 所示，近 20 年，研究院人员规模和研究机构不断壮大，课题研究数量逐年增多，呈现良好增长态势。

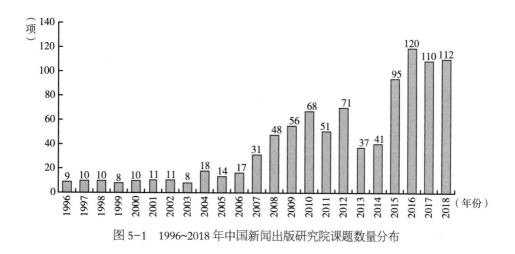

图 5-1 1996~2018 年中国新闻出版研究院课题数量分布

近 20 年，研究院完成国家级课题、省部级课题及各种委托课题共 500 余项；承担科技部、财政部的科技项目、文化产业项目 10 余项。从课题级别分布看（见图 5-2），国家级课题占课题总数的 2%，省部级课题占 31%，市厅级课题占 4%，企事业单位委托课题占 14%，院级课题占 46%。此外，研究院还就中央关心的重点问题开展专题研究，并为上级领导部门呈送内部参阅资料。

研究院的科研方向主要包括新闻出版的基本理论研究，出版事业与出版产业发展中的紧迫问题、现实问题研究，新技术在新闻出版领域的应用研究等。从研究主题看，出版产业研究占 30%，数字出版与新技术研究占 11%，出版标准研究占 9%，版权研究占 9%，改革发展研究占 7%，公共服务研究占 7%，出版战略规划研究占 5%，出版史研究占 3%，政策法规研究占 2%，舆情研究占 1%，其他主题研究占 16%（见图 5-3）。

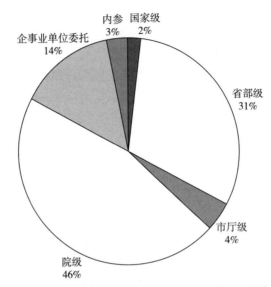

图 5-2　1996~2018 年中国新闻出版研究院课题级别分布

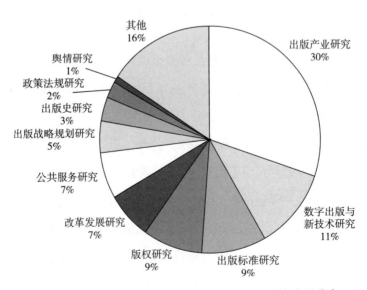

图 5-3　1996~2018 年中国新闻出版研究院课题研究主题分布

第三节　科研项目整理

一　国家级课题

2001~2018 年中国新闻出版研究院承接国家级课题共 22 项（见表 5-1）。

表 5-1　2001~2018 年中国新闻出版研究院国家级课题名单

序号	立项年份	项目名称
1	2001	加强出版业宏观调控的研究
2	2007	小康社会出版体系研究
3	2007	《中国出版通史》
4	2008	出版行业标准及重要标准研究
5	2008	出版学科体系研究
6	2009	数字出版商业模式研究
7	2009	新闻出版标准体系及重要标准研究
8	2009	中国版权相关产业的经济贡献调研项目
9	2009~2012	全国国民阅读调查报告（共 4 项）
10	2010	MPR 出版物编码标准（国家标准）
11	2011	动漫出版产业政策研究
12	2011	贯彻落实科学发展观与实施版权战略研究
13	2012	基于云计算的 XML 数据管理
14	2012	文化内容多维度评价体系研究
15	2012	新闻出版标准符合性测试实验室建立可行性研究
16	2016	中国出版人口述史研究及数据库建设
17	2018	新闻出版大数据应用工程（国家知识服务平台建设项目）
18	2018	知识服务 7 项国标研制
19	2018	专业知识资源管理与交易服务技术集成应用

注：年份用区间表示的为年度滚动性课题，在课题数量计算时计多项，下同。

二　省部级课题

1996~2018 年中国新闻出版研究院承接省部级课题共 299 项（见表 5-2）。

表 5-2　1996~2018 年中国新闻出版研究院省部级课题名单

序号	立项年份	项目名称
1	1996	我国出版发展战略研究
2	1996	中国特色社会主义出版体制基本框架研究
3	1997	我国图书出版结构研究
4	2001	新闻出版业"十五"计划和"十五"规划
5	2003	国家文化改革重要文件起草工作
6	2003	新闻出版系统调查研究（9 项课题）： ①1）十三届四中全会以来新闻出版工作的主要经验 ②新闻出版工作面临的新情况、新形势、新任务 ③深化新闻出版业改革 ④加入世界贸易组织后，如何进一步扩大对外交流，用好两种资源、两个市场 ⑤新闻出版业十年发展规划 ⑥进一步扶持西部民族地区新闻出版事业 ⑦鼓励、支持和引导出版产业非公有经济发展——民营书店考察报告 ⑧中国出版物物流标准规范（阶段性成果） ⑨新闻出版产业改革与发展调查问卷
7	2004	出版单位绩效评估体系
8	2004	出版社转制以后的管理办法研究
9	2004	出版物选题分析报告
10	2004	树立科学发展观转变出版业增长方式
11	2004	新闻出版业"三项学习教育"读本
12	2004	新闻出版专业职位考试大纲及命题
13	2004	新闻出版总署"十五"科技发展战略
14	2004	新闻出版总署人才培养可行性研究及实施方案
15	2005	出版行业非政府组织研究
16	2005	伪书问题调查分析报告
17	2005	新闻出版业信息化标准规范编写指南
18	2005	新闻出版业信息化标准体系
19	2006	促进国民文化消费研究
20	2006	公共文化服务体系研究
21	2006	新闻出版业"十一五"规划
22	2007	"五独"势力有关出版物研究
23	2007	中国报刊"走出去"的情况研究

续表

序号	立项年份	项目名称
24	2007	2006 年中国主题图书在主要发达国家的出版情况研究
25	2007	版权科研项目管理办法研究
26	2007	北京地区出版业统计分析报告
27	2007	北京市创意文化产业项目申报
28	2007	发达国家文化产业融资法律问题研究
29	2007	关于中国出版"走出去"情况的调研报告
30	2007	国家出版基金管理办法研究
31	2007	国外互联网内容管理法律制度研究
32	2007	国外图书宣传媒体研究
33	2007	国外新闻出版业财税政策
34	2007	加强新闻出版公共服务体系建设调查研究
35	2007	境外新闻出版机构在华设立办事机构情况调研
36	2007	科技部条财司专项基金申报
37	2007	《农家书屋管理员手册》
38	2007	手机出版及管理制度研究
39	2007	图书发行单位结算信用调查
40	2007	我国互联网新闻出版法律建设研究
41	2007	《我国文化体制改革状况报告（2007）》
42	2007	知识资源数据库工程可行性报告
43	2007	中国出版"走出去"发展规划
44	2007~2008	数字版权保护技术研发工程可行性报告（共 2 项）
45	2007~2018	《中国数字出版产业年度报告》（2005、2007~2008、2009~2010、2011~2012、2012~2013、2013~2014、2014~2015、2015~2016、2016~2017、2017~2018，共 10 册）
46	2008	《中文期刊质量管理》行业标准
47	2008	版权相关产业经济贡献率调研报告
48	2008	出版发行单位转企改制研究报告
49	2008	《出版术语》（行业标准）
50	2008	出版体制改革背景下的出版管理条例修订
51	2008	出版业标准数据库及管理软件系统研究

续表

序号	立项年份	项目名称
52	2008	国家知识资源数据库工程项目可行性研究报告
53	2008	国内外数字出版产业现状及发展趋势
54	2008	国外新闻出版管理的法律依据
55	2008	核心期刊异化情况调研报告
56	2008	加强新闻出版公共服务体系建设研究报告
57	2008	进一步推动新闻业改革发展的意见
58	2008	全国出版物发行行业现状与发展趋势研究
59	2008	全国国民阅读倾向抽样调查报告（2008）
60	2008	数字资源唯一标识符（DOI）预研
61	2008	新闻出版人力资源测评体系与人才库建设研究
62	2008	新闻出版业"十一五"规划中期评估
63	2008	引进境外社科图书现状调查报告
64	2008	中国标准录音作品编码
65	2008	中外音像出版产业状况及相关政策研究
66	2008	中小学教科书幅面尺寸及版面通用要求
67	2008	北京地区新闻出版版权产业统计分析
68	2009	"原动力"中国原创动漫出版扶持项目
69	2009	新闻出版业"十二五"发展战略研究
70	2009	2008年出版物发行产业发展分析报告
71	2009	2009年国内动漫出版产业基础状况研究
72	2009	《内部资料性出版物管理办法》调研项目
73	2009	新闻出版产业调查指标体系与调查表设计
74	2009	新闻出版统计制度改革研究
75	2009	新闻出版业"十一五"发展规划中期评估
76	2009	原创动漫作品及人才扶持模式研究
77	2009	国家知识产权战略纲要实施意见
78	2009	MPR出版物系列标准（5项）
79	2009	北京民营书业调查研究
80	2009	党的执政能力建设与提高新闻出版工作能力研究

序号	立项年份	项目名称
81	2009	公益性新闻出版事业发展规划预研报告
82	2009	关于设立国家重点学术期刊发展工程的报告
83	2009	国内外数字出版产业现状发展趋势
84	2009	金融危机与经济衰退对美国图书出版业的影响
85	2009	廉政文化出版物展示馆总体设计
86	2009	全国国民阅读促进活动调研报告
87	2009	新闻出版行政管理体制改革研究
88	2009	新闻出版人才队伍建设专题研究
89	2009	新闻出版业"十二五"发展规划前期工作
90	2009	新中国 60 年新闻出版工作研究
91	2009	中国精品学术期刊数字化平台项目可行性论证报告
92	2009	中国印刷产业园工程发展趋势研究
93	2009	中央互联网管理体制机制调研
94	2009~2010	北京地区新闻出版版权行业统计（共 2 项）
95	2010	"经典集成"电子阅读器测试项目
96	2010	"十二五"规划经济政策研究
97	2010	"十二五"时期新闻出版公共服务体系建设规划
98	2010	"推进期刊分类改革，加强期刊管理"研究
99	2010	"原动力"原创动漫及民族网游出版工程可行性研究报告
100	2010	《文化产品与服务出口指导目录》新闻出版子领域重点企业情况研究报告
101	2010	2010 年国内动漫出版产业政策研究
102	2010	北京市新闻出版业"十二五"发展规划
103	2010	出版业"十二五"时期重大项目"国有大型传媒集团公司扶持工程"论证报告
104	2010	出版元数据
105	2010	出版资源标识
106	2010	电子书版权保护、内容资源及标准化现状与对策报告
107	2010	电子书发展现状、存在的问题及发展趋势
108	2010	动漫出版标准体系表
109	2010	关于电子阅读器产业发展状况的初步调研报告

续表

序号	立项年份	项目名称
110	2010	关于加快我国数字出版产业发展的若干意见
111	2010	国家出版基金项目"十二五"重大选题规划
112	2010	国外期刊体制机制研究
113	2010	加强境外数字出版物进出口管理工作
114	2010	健全党对新闻出版事业单位领导体制机制研究
115	2010	今后十年新闻出版业发展方向与战略重点
116	2010	跨国出版传媒集团发展战略航母打造
117	2010	农家书屋建设年度跟踪研究
118	2010	全民阅读活动调研报告
119	2010	如何引导民营书业体制比较研究
120	2010	世界城市新闻出版指标体系
121	2010	手机出版标准体系表
122	2010	新闻出版行业渗透测试指南
123	2010	新闻出版行业信息安全风险评估指南
124	2010	新闻出版科技"十二五"发展规划
125	2010	新闻出版统计制度改革
126	2010	新闻出版信息安全管理体系应用指南
127	2010	新闻出版业"十二五"发展规划
128	2010	新闻出版业"十二五"时期发展规划目标研究
129	2010	新闻出版业"十一五"完成情况研究
130	2010	新闻出版业"走出去"中长期规划
131	2010	云南桥头堡建设新闻出版业调查报告
132	2010	中国标准名称标识符
133	2010	中国出版博物馆可行性研究报告
134	2010~2013	《新闻出版产业分析报告》（2009、2010、2012 年，共 3 册）
135	2011	"十二五"期间新闻出版统计制度改革研究
136	2011	"十二五"时期经济政策研究
137	2011	《新闻出版业"十一五"发展规划》终期评估报告
138	2011	2010 年境外数字文献网络进口情况调研

续表

序号	立项年份	项目名称
139	2011	发行业诚信体系研究
140	2011	非时政类报刊出版单位体制改革突出问题研究
141	2011	关于进一步推动新闻出版业"走出去"的若干意见
142	2011	国家出版基金绩效考核管理
143	2011	国家级新闻出版产业基地
144	2011	跨国出版集团发展战略研究
145	2011	全 XML 流程多样性出版服务研究
146	2011	全民阅读工程研究
147	2011	书博会绩效评估
148	2011	数字内容加工平台建设项目
149	2011	西方发达国家新闻出版法律规制研究
150	2011	新闻出版"走出去"体制、政策研究
151	2011	新闻出版国际布局和实施研究
152	2011	移动多媒体终端发展对策研究
153	2011	中国版权产业经济贡献调查（2007~2008、2009，共 2 项）
154	2012	《电子书内容标准体系》行业标准
155	2012	《电子书内容格式基本要求》行业标准
156	2012	《电子书内容术语》行业标准
157	2012	《图书、报纸、期刊、音像和电子出版物出版和发行统计》行业标准
158	2012	《阅读器（电子书）元数据》国家标准
159	2012	《中国阅读：全民阅读蓝皮书（第二卷）》
160	2012	2011 年度版权输出调查
161	2012	城乡阅报栏（屏）建设工程可行性报告
162	2012	出版产品与服务进出口管理法律研究
163	2012	全国国民阅读抽样调查（第八次、第十次，共 2 项）
164	2012	关于新闻出版业"走出去"结构的政策研究
165	2012	国家数字出版基地发展模式研究
166	2012	国家知识资源数据库工程可行性研究
167	2012	基于加解密技术的数字版权保护平台基本要求

序号	立项年份	项目名称
168	2012	"农家书屋工程"建设评估
169	2012	手机出版物质量规范
170	2012	数字阅读终端内容呈现格式
171	2012	台湾资料库
172	2012	新闻出版国际布局和实施方案研究
173	2012	新闻出版统计工作质量综合评价指标体系研究
174	2012	新闻出版业"走出去"体制、政策研究
175	2012	新闻出版业资源配置审批政策研究报告
176	2012	新闻出版业"走出去"指南
177	2012	新闻出版职业分类大典修订研究
178	2012	引导和规范非公有制经济参与新闻出版业的模式研究
179	2012	中国版权相关产业的经济贡献调查（2007~2008 年）
180	2012	中国期刊"走出去"研究
181	2013~2018	中国版权产业的经济贡献（2010、2013、2016、2017 年，共 4 册）
182	2015	《学术出版规范》系列标准制定（二期）
183	2015	2015 年度出版物发行单位年度数据核验
184	2015	2015 年度新闻出版改革发展项目库评审
185	2015	新闻出版业"十三五"规划编制工作
186	2015	ISDL 相关标准及应用研究
187	2015	版权工作发展思路与政策研究
188	2015	公众版权意识提升机制研究
189	2015	国家版权产业发展推进工程可行性研究
190	2015	国家知识资源服务中心可行性论证
191	2015	美国出版企业品牌价值研究
192	2015	内部资料性出版物发展情况
193	2015	数字出版"十二五"发展规划终期评估
194	2015	数字出版中版权管理问题及对策研究
195	2015	探索实行特殊管理股制度研究
196	2015	完善出版专业资格考试制度研究

续表

序号	立项年份	项目名称
197	2015	新常态下新闻出版改革发展趋势研究
198	2015	新闻出版标准协同工作平台建设项目
199	2015	新闻出版改革发展项目库 2015 年度项目申报指南修订相关工作
200	2015	新闻出版行政管理和经营领域腐败风险防控体系研究之"总局主管社团管理研究"
201	2015	新闻出版业科技"十二五"发展规划终期评估
202	2015	新闻出版业科技"十三五"发展规划制定
203	2015	新中国阅读史研究
204	2015	中国出版政府奖评奖机制研究
205	2015	中国新闻出版研究院信息系统安全等级保护项目
206	2015	中国印刷业"十二五"发展报告
207	2015	专业数字内容资源知识服务模式试点工作
208	2015	广东省版权产业的经济贡献调研
209	2015	山东省版权产业的经济贡献调研
210	2016	"ISLI 在知识服务中的应用研究"项目终期审查意见成果
211	2016	《ISLI 与现有标识符互操作规则及模式预研究》审查会会议纪要成果
212	2016	《ISLI 综合标准体系表》审查会会议纪要成果
213	2016	2015 年广东省版权产业经济贡献调研
214	2016	2015 年全国版权贸易统计
215	2016	2015 年新闻出版传媒集团统计快报数据分析报告
216	2016	2016 年新闻出版传媒集团统计半年报数据分析报告
217	2016	2016 年新闻出版传媒集团统计快报数据分析报告
218	2016	2016 年全国出版物进出口实时监测系统
219	2016	国家知识服务模式研究
220	2016	内部资料性出版物发展与管理情况调研报告
221	2016	书香社会指标体系研究
222	2016	数字教育出版应用服务示范工程可行性研究
223	2016	完善出版专业职业资格制度研究成果
224	2016	新闻出版标准化注册管理机构建设研究
225	2016	新闻出版标准协同工作平台维护

续表

序号	立项年份	项目名称
226	2016	新闻出版改革发展管理专题调研
227	2016	新闻出版改革发展项目库终评
228	2016	新闻出版广电（版权）行政处罚案例点评汇编
229	2016	新闻出版行政管理和经营领域腐败风险防控体系研究
230	2016	新闻出版领域主管主办制度研究
231	2016	新闻出版统计制度修订
232	2016	新闻出版向周边国家和"一带一路"沿线国家"走出去"项目库
233	2016	新闻出版业"十三五"时期发展规划编制
234	2016	新闻出版重点产业项目推荐相关工作
235	2016	学术期刊编辑出版人才现状调研
236	2016	印刷复制管理手册修订
237	2016	印刷业准入情况评估
238	2016	优秀产业示范项目推广计划
239	2016	优秀文艺作品出版引导机制问题研究报告
240	2016	游戏防沉迷系统行业标准
241	2016	在出版企业改革中加强党的建设研究
242	2016	中国出版政府奖评奖机制研究
243	2016	"中国图书对外推广计划"工作任务
244	2016	中国新闻出版研究院出版科研工作历史考辨
245	2016	中国印刷业"十二五"发展报告
246	2016	中小学数字教材系列标准
247	2017	《新闻出版广播影视立法程序规定》起草项目
248	2017	2017 年港澳台情况数据库
249	2017	出版业 AR 技术应用规范制定项目
250	2017	电影数字节目版权信息化管理系统建设项目服务
251	2017	二维码在出版领域应用研究
252	2017	湖北省阅读指数调查
253	2017	吉林省全民阅读状况调查
254	2017	开展农家书屋建设、管理和使用情况评估

续表

序号	立项年份	项目名称
255	2017	全国出版物发行单位年度核验辅助数据采集服务
256	2017	图书"走出去"基础书目库
257	2017	文化产业的定义、范围、分类问题研究
258	2017	文化产业发展专项资金工作
259	2017	我国社会主要矛盾变化背景下新闻出版广播影视发展对策研究
260	2017	新历程——党的十八大以来新闻出版改革发展报告
261	2017	新闻出版广播影视行业智库评价体系研究
262	2017	新闻出版海外传播动态
263	2017	新闻出版项目资助系数研究
264	2017	《学术期刊管理办法》调研起草
265	2017	智慧印厂发展现状及实施路径研究
266	2017	中国童书出版发展报告（2016年）
267	2017	国家新闻出版广电总局改革发展项目库工作
268	2018	"走出去"示范项目
269	2018	2018年版权交易信息库
270	2018	2018年基础书目库工作
271	2018	2018年《统计工作动态》
272	2018	2018年期刊目录库工作
273	2018	第四届中国出版政府奖评奖工作研究课题
274	2018	儿童数字阅读产品安全指标体系研究
275	2018	少儿出版物分级标识研究
276	2018	数字出版分类注释与统计指标体系研究
277	2018	我国期刊国际传播能力建设研究
278	2018	新闻出版业"十三五"发展规划中期评估
279	2018	研制ISLI标准在知识服务领域中的系列应用标准
280	2018	中国图书对外宣传推广计划（2018）
281	2018	中国印刷业智能化发展报告（2018）

三　市厅级课题

2012~2018 年中国新闻出版研究院承接市厅级课题共 34 项（见表 5-3）。

表 5-3　2012~2018 年中国新闻出版研究院市厅级课题名单

序号	立项年份	项目名称
1	2012	2011 年广东省居民阅读调查
2	2012	2011 年杭州市居民阅读调查
3	2015	北京市新闻出版广电产业概况分析
4	2015	广州市版权产业的经济贡献调研
5	2015	泰州市阅读指数调查
6	2016	2015 年东莞市版权产业经济贡献调研
7	2016	2015 年广州市版权产业经济贡献调研
8	2016	北京市出版立法空间及可行性项目调研
9	2016	北京市新闻出版统计汇编及产业报告
10	2016	常州市居民阅读状况调查
11	2016	甘肃新闻出版广电"十三五"规划
12	2016	吉林省居民阅读调查
13	2016	苏州市阅读指数调查
14	2016	新闻出版广电行业人才队伍建设
15	2016	2015 年山东省版权产业的经济贡献调研
16	2016	北京市新闻出版广电行业发展蓝皮书（2016）主报告
17	2016	2015 年东莞市版权产业经济贡献调研
18	2017	2016 年广东省版权产业的经济贡献调研
19	2017	2016 年广州市版权产业的经济贡献调研
20	2017	北京市新闻出版广电局出版物鉴定办法制定
21	2017	陕西省版权产业经济贡献调研项目
22	2017	实体书店转型升级的模式及效果评估
23	2017	实现图书出版社社会效益与经济效益相统一考评机制
24	2017~2018	《北京市新闻出版广电发展蓝皮书主报告》（共 2 册）
25	2018	"书香京城"精品选题研究
26	2018	2017 年东莞市版权产业的经济贡献调研

续表

序号	立项年份	项目名称
27	2018	北京市网络文学产业发展报告
28	2018	首都新闻出版行业信用评价标准研究
29	2018	数字内容产业资源库体系建设
30	2018	宜昌市居民阅读状况调查
31	2018	优质动漫 IP 价值评估研究
32	2018	衢州市居民阅读状况调查
33	2018	2016 年广州市黄埔区、广州开发区版权产业发展研究报告项目

四　院级课题

1996~2018 年中国新闻出版研究院自主立项课题共 441 项（见表 5-4）。

表 5-4　1996~2018 年中国新闻出版研究院院内级课题名单

序号	立项年份	项目名称
1	1996	在社会主义市场经济条件下建立若干出版管理机制的研究
2	1997	党的"十四大"以来新闻出版大事记
3	1997	十八年来的中国出版
4	1997	中国现代出版业百年问题的研究
5	1998	国际出版市场研究
6	1998	扩大一般图书发行量的策略研究
7	1998	英国出版业现状研究
8	1998	主要出版大国出版统计
9	1998	主要国家出版业规模研究
10	1999	加入世界贸易组织对我国出版业的影响与对策
11	1999	世界十家大型出版企业研究
12	1999	新中国出版 50 年综述
13	1999	中国出版发行集团研究
14	2000~2004	《全国国民阅读与购买倾向抽样调查报告》（1999、2002、2004 年，共 3 册）
15	2001	"扫黄""打非"经验研究

续表

序号	立项年份	项目名称
16	2001	出版理论综述
17	2001	出版企业成功经验研究
18	2001	《出版学》
19	2001	出版业文化工作室和文化公司现象研究
20	2001	盗版活动现状分析与反盗版问题研究
21	2001	网络出版专题研究
22	2001	出版集团研究报告
23	2002	加强出版业宏观调控研究
24	2002	《中华人民共和国出版史料》
25	2002	《周恩来刘少奇朱德陈云与新闻出版》
26	2002	苏联俄罗斯出版管理研究
27	2002	我国出版集团发展建设若干突出问题跟踪研究
28	2002	中国出版业兼并、重组问题研究
29	2002	中国图书信息化物流网络研究
30	2003	国家文化发展纲要
31	2003	深化体制改革总体方案
32	2003	世界出版企业跟踪研究
33	2003~2005	《国际出版业发展趋势及预测》（2002~2003、2003~2004、2004~2005 年，共 3 册）
34	2003~2004	《中国出版业发展趋势及预测》（2002~2003、2003~2004，共 2 册）
35	2003~2013	《中国民营书业发展研究报告》（2003、2004、2008、2009、2013 年，共 5 册）
36	2004	2004 年出版科研年度述评（3 项）： ① 2004 年编辑学、出版学及编辑出版教育研究回顾 ② 2004 年出版工作研究综述 ③ 2004 年中国出版史研究综述
37	2004	关于各级人民出版社转制问题的调研报告
38	2004	国外出版行业协会管理体制研究
39	2004	国外出版宏观管理体制研究
40	2004	中国电子出版业发展概况
41	2005	日韩动漫产业分析研究报告
42	2005	中国电子出版业发展状况调研报告

续表

序号	立项年份	项目名称
43	2005	中国教育报刊业面临的问题与对策研究报告
44	2005~2018	《中国出版业发展报告》（2004~2005、2006~2007、2007~2008、2009~2010、2010~2011、2011~2012、2012~2013、2013~2014、2014~2015、2015~2016、2016~2017、2017~2018，共12册）
45	2006	《中国出版通史》
46	2006	2002~2005中国电子出版单位年检数据分析报告
47	2006	2004~2005中国互联网出版机构年检数据分析报告
48	2006	按需出版业务相关情况的调研报告
49	2006	版权战略研究
50	2006	版权中介服务体系
51	2006	国际上特别是发达国家对报刊管理做法调研报告
52	2006	国际上特别是发达国家对媒体管理做法的调研报告
53	2006	国际新闻出版业资讯库
54	2006	农家书屋研究
55	2006	我国国民出版物消费状况与扩大出版物消费的政策建议
56	2006	新闻出版业"十一五"科技发展规划实施意见
57	2006	中国主题图书在主要发达国家的出版情况概述
58	2006	《全国国民阅读与调查倾向抽样调查报告2006》
59	2007	报刊经营管理模式研究（《报刊管理手册》）
60	2007	国外出版物价格管理制度研究
61	2007	国外学术期刊运营模式研究
62	2007~2018	出版科研数据库项目（2007、2008、2009、2014、2015、2016、2017、2018年，共8期）
63	2008	2008年教材教辅表现形式动漫化及数字出版的衍生研究
64	2008	2008年数字版权保护研究报告
65	2008	按需出版调研报告
66	2008	版权社会服务体系研究系列专题：版权代理服务研究
67	2008	多媒体数字报纸使用功能测试报告
68	2008	基于用户查询模式和神经网络技术的自适应全文检索体系的研究与实现
69	2008	漫画动画转换技术的创新研究
70	2008	全国版权输出、引进优秀图书分析

续表

序号	立项年份	项目名称
71	2008	全国出版社网站现状调查报告
72	2008	图书定价水平评估
73	2008	图书发行单位对图书出版单位结算信用情况调查报告
74	2008	网络环境下版权保护问题研究
75	2008	我国图书出版社跨媒体出版状况调查报告
76	2008	中国动漫游戏产业现状调研报告
77	2008~2011	《电子（纸）阅读器测试调研报告》（2008~2011 年，共 4 册）
78	2008~2018	《国际出版业发展报告》（2008、2012、2014、2015、2016、2017 年，共 6 册）
79	2008~2018	《中国传媒创新报告》（2007、2009、2010、2012、2014、2016~2017、2017~2018 年，共 7 册）
80	2009	2000 年以来美英日法四国出版业现状研究
81	2009	2009 年度 TOP100 白皮书海外网络传播研究报告
82	2009	版权产业经济贡献调研的区域对比研究
83	2009	版权代理研究
84	2009	报业资本运营研究
85	2009	部分版权产业版权因子测算研究
86	2009	国际出版企业数字化发展趋势研究
87	2009	湖南天舟科教文化股份有限公司上市募投项目可行性研究
88	2009	数字化背景对国民阅读促进研究
89	2009	网络环境下的版权保护问题研究
90	2009	西方主要传媒集团并购活动研究
91	2009	以出版创新提升我国文化软实力
92	2009	中国海关出版社发展战略研究
93	2009	中国环境科学出版社转制方案研究
94	2009	中国快递杂志可行性论证报告
95	2009	主要发达国家国民阅读现状研究
96	2009~2010	出版集团研究（共 2 项）
97	2009~2010	《电子词典综合指标评测》（共 2 册）
98	2009~2010	《中国动漫出版产业研究报告》（共 2 册）
99	2009~2011	《阅读中国：中国全民阅读蓝皮书》（共 2 册）

续表

序号	立项年份	项目名称
100	2010	出版单位法人制度研究
101	2010	出版单位主管主办制度研究
102	2010	出版法规文献资料整理编译专题研究
103	2010	出版元数据
104	2010	出版资源标识
105	2010	动漫出版标准体系表
106	2010	期刊数字化可行性模式
107	2010	手机出版标准体系表
108	2010	围绕新闻出版强国建设完善新闻出版法律制度研究
109	2010	新闻出版行业渗透测试指南
110	2010	新闻出版行业信息安全风险评估指南
111	2010	新闻出版现代物流服务体系标准化支撑研究
112	2010	新闻出版信息安全管理体系应用指南
113	2010	新闻出版业"走出去"资讯库
114	2010	《新闻出版业科技发展调研报告》
115	2010	中国标准名称标识符
116	2010	著作权法文献资料整理编译专题研究
117	2011	《2005~2011期刊网络传播模式研究报告》
118	2011	《2009~2010出版集团发展创新报告》
119	2011	《2010~2011中国出版产业发展报告》
120	2011	《曾国藩与金陵书局》
121	2011	电子词典内容质量与版权状况监测报告
122	2011	非时政类报刊专制改革研究
123	2011	教辅管理研究报告
124	2011	接力出版社股份制改造方案
125	2011	美国历年版权相关产业经济贡献调研比较
126	2011	全国中小学阅读在线调查
127	2011	数字版权的授权机制研究
128	2011	《网络硬盘现状及管理对策情况报告》

续表

序号	立项年份	项目名称
129	2011	《原创文学网站运营模式研究报告》
130	2011	中国出版集团创建世界—流出版传媒集团趋势研究
131	2011	中文传媒发展规划
132	2011	主要发达国家出版物营销渠道发展模式研究
133	2012	《2011~2012年中国期刊发展创新报告》
134	2012	北京出版创意产业园调研
135	2012	北欧国家版权相关产业经济贡献研究
136	2012	出版学教材体系创新研究
137	2012	传媒品牌价值研究
138	2012	国际出版案例系列研究之亚马逊全球发行模式研究·牛津英语大辞典数字化转型案例研究
139	2012	《国际新闻出版业发展报告（2010）》
140	2012	《老出版人访谈录》（第一辑）
141	2012	全国新闻出版业网站年度报告
142	2012	输出版引进版优秀图书分析
143	2012	数字出版教程
144	2012	数字出版实验室建设可行性研究报告
145	2012	新闻出版对台工作研究
146	2012	新闻出版业国际竞争力与影响力动态监测数据库
147	2012	英法出版法律制度研究
148	2012~2018	《中国动漫游戏产业年度报告》（2012、2012~2013、2014~2015、2016、2017、2018年，共6册）
149	2013	《2012年新闻出版产业分析报告》
150	2013	《出版词典》
151	2013	对外文化贸易研究
152	2013	国际竞争力与影响力评价指标体系研究
153	2013	国际新闻出版业资讯库
154	2013	国民阅读指数研究
155	2013	国内新闻出版上市公司股价研究
156	2013	国外绿色印刷发展现状及趋势研究
157	2013	海峡两岸少儿读物出版合作研究

续表

序号	立项年份	项目名称
158	2013	加澳出版法律制度研究
159	2013	口述出版史
160	2013	农村应用型科普出版物研究
161	2013	如何推进党员领导干部密切联系群众研究
162	2013	省域出版社竞争力指标体系构建研究
163	2013	输出引进版优秀图书分析（2012）
164	2013	数字出版技术应用调研报告
165	2013	新时期农村数字传媒发展趋势研究
166	2013	新闻出版产业政策汇编
167	2013	新闻出版对台政策法规研究（2013）
168	2013	新闻出版行业道德伦理与社会责任
169	2013	新闻出版行业运行景气监测指标研究
170	2013	新闻出版统计数据质量存在问题及对策研究
171	2013	新闻出版业"十二五"时期人才发展规划中期评估课题
172	2013	新闻出版业国际竞争力与影响力动态监测数据库
173	2013	新闻出版业"十二五"时期发展规划中期评估报告
174	2013	新闻出版职业分类大典修订研究
175	2013	新闻出版总署历史沿革研究
176	2013	学术出版物标准符合性测试研究
177	2013	中国版权产业的经济贡献（2010）
178	2013	中国视频网站发展研究报告
179	2014	2013~2014年出版传媒集团发展创新报告
180	2014	2014年度输出、引进版图书动态分析
181	2014	编辑人才选拔、培养、管理模式研究
182	2014	城乡一体化背景下的农村养老体系研究
183	2014	出版传媒企业公司制、股份制改造研究
184	2014	出版单位社会效益评估体系研究
185	2014	《出版文化概论》
186	2014	传统图书出版单位数字化转型研究

续表

序号	立项年份	项目名称
187	2014	大众期刊付费阅读趋势研究
188	2014	电子图书阅读平台差异化发展研究
189	2014	国民阅读调查数据挖掘与定制报告生成系统
190	2014	海外阅读立法研究
191	2014	基于现代物流发展的出版发行业格局变化趋势研究
192	2014	科研院所研究生培养模式研究
193	2014	民营书业融资现状与问题
194	2014	农村应用型科普出版物研究
195	2014	农家书屋转型升级后服务模式研究
196	2014	期刊、报纸出版信息核验报告
197	2014	切实提高图书质量问题研究
198	2014	全民阅读中长期发展战略研究
199	2014	省域出版社竞争力指标体系应用研究
200	2014	数字出版商业模式研究
201	2014	网上书店图书销售价格研究
202	2014	我国学术期刊开放存取出版模式及策略研究
203	2014	现代文化市场体系中出版社编辑职业现状调查研究
204	2014	新闻出版产业项目策划、实施与评估问题研究
205	2014	新闻出版行业景气监测的统计基础研究
206	2014	新闻出版上市企业财务风险研究
207	2014	新闻出版业国际竞争力与影响力动态监测数据库
208	2014	新型城镇化金融服务模式创新研究
209	2014	学术期刊数字化转型研究
210	2014	用户为王：微信的数字阅读发展研究
211	2014	知识产权对美国国民经济核算的影响
212	2014	中国出版产业发展研究
213	2014	中国新闻出版研究院数字化建设总体规划
214	2014~2018	《中国印刷业发展报告》（共 5 册）
215	2014~2016	《全国出版业网站年度报告》（共 3 册）

续表

序号	立项年份	项目名称
216	2015	"书香中国"全民阅读推广平台建设研究
217	2015	出版产品评价体系研究
218	2015	传统媒体与新媒体融合发展的路径模式研究
219	2015	国内动漫分级制度可行性研究
220	2015	基于MOOC发展的"微课程"建设与应用
221	2015	基于移动互联网的国民阅读调查系统开发研究
222	2015	经济新常态下版权产业对经济、文化、社会的贡献研究
223	2015	马克思主义新闻出版观研究
224	2015	欧美大型连锁书店研究
225	2015	期刊集群化建设研究
226	2015	数字版权注册与追踪模式研究
227	2015	数字内容评价指标体系研究
228	2015	网络环境下新闻出版政策传播模式与效果研究
229	2015	微博、微信版权问题研究
230	2015	西藏新闻出版业"十三五"规划研究
231	2015	新闻出版法制体系研究
232	2015	新闻出版海外传播状况研究——2011~2013年中国图书版权输出与影响力状况分析
233	2015	新闻出版业博士后工作站建设研究
234	2015	新闻出版业认证认可体系研究
235	2015	新闻媒体属地管理和主管主办制度研究
236	2015	引导和规范民营网络出版活动的有效机制研究
237	2015	英国出版业传统出版模式与数字化出版模式研究
238	2015	阅读社会学基础研究
239	2015	中国新闻出版研究院"十三五"发展规划
240	2015	中文大众期刊数字化发展研究
241	2016	"AR出版物标准"研究
242	2016	"十二五"时期北京地区版权输出情况研究
243	2016	"十二五"时期中国出版业发展研究
244	2016	2000~2014年我国出版图书贸易竞争力研究

续表

序号	立项年份	项目名称
245	2016	2014~2015 中国出版科研热点研究
246	2016	2015~2016 新闻出版标准化蓝皮书
247	2016	版权产业经济贡献调研方法研究
248	2016	出版硕士专业学位研究生培养模式研究
249	2016	创意出版研究
250	2016	从 2015 年度输出引进版优秀图书推介活动看"一带一路"倡议中出版业"走出去"研究
251	2016	大数据工具集研究
252	2016	法语国家少儿出版情况研究
253	2016	国内外电子书发展趋势研究
254	2016	"互联网＋出版"的理论与实践问题研究
255	2016	基于舆情监测的水利行业大数据应用及平台建设研究
256	2016	论媒体报道案件的法律边界问题
257	2016	媒体指纹技术在图形商标数字版权保护中的应用研究
258	2016	美国智库方法研究
259	2016	民营资本投资传统媒体模式研究
260	2016	期刊发展及数字化转型模式研究
261	2016	期刊分类标准及分类评价研究
262	2016	数字出版术语规范
263	2016	数字教育出版应用服务研究
264	2016	网络电台——听书产业发展报告
265	2016	网络文学发展趋势研究
266	2016	网上书店图书销售价格研究成果
267	2016	我国新闻采编队伍职业状况调查报告
248	2016	小学生分级阅读体系及在线测评系统研究
249	2016	新闻采编人员职业资格制度建设研究
270	2016	新闻作品版权侵权与防范
271	2016	新型城镇化背景下农村出版物功能与需求研究
272	2016	虚拟现实技术在游戏产业中的应用研究
273	2016	《一个出版人的自述：历史回望记事（1927~2013）》

续表

序号	立项年份	项目名称
274	2016	移动互联时代手机媒体的发展现状与趋势
275	2016	英国上市出版集团资本结构与绩效关系调查研究
276	2016	阅读社会学基础研究成果
277	2016	中国传媒融合创新研究
278	2016	中国传媒社会责任研究
279	2016	中国民营教育出版研究
280	2016	中国数字内容产业发展现状与趋势研究
281	2016	中国新闻出版研究院出版科研工作历史考辨
282	2016	中国新闻出版研究院科研成果数字化（一期）
283	2016	中韩教育出版与出版教育比较研究
284	2016	主题出版（宣传）效果评估研究
285	2016	著作权侵权中"接触＋实质性相似"规则的认定——以影视剧纠纷为例
286	2016	资讯类客户端研究分析报告
287	2016~2018	中国出版人口述史研究及数据库建设（共 3 期）
288	2017	"十三五"推进文化资源公共服务均等化研究
289	2017	"一带一路"国别出版报告
290	2017	《期刊编排格式》国际标准跟踪研究
291	2017	2006~2016 中国文学类图书"走出去"的特点、现状和趋势——基于"中国图书对外推广计划"及其他出版"走出去"项目的研究
292	2017	2017 年新闻出版业互联网发展年度报告
293	2017	IP 资产价值评估研究
294	2017	ISLI 在音乐出版和音乐教育中的应用
295	2017	VR/AR 在我国图书出版中应用的现状分析
296	2017	报刊数字影响力行业统计指标研究
297	2017	北京地区图书出版机构标准应用现状调查分析报告
298	2017	出版编辑版权作品研究
299	2017	出版企业社会责任标准研究
300	2017	传统媒体"两微一端"协同传播研究
301	2017	大数据在出版领域的垂直应用

续表

序号	立项年份	项目名称
302	2017	电子图书基本信息标准符合性测试研究
303	2017	基于出版业务的图书出版单位（集团）评价研究
304	2017	基于访问终端的全民阅读调查系统开发升级研究（V2.0）
305	2017	基于投入产出分析的中国出版业的经济影响与关联产业研究
306	2017	基于用户端的国民阅读评估及阅读服务平台开发研究
307	2017	基于阅读需求的中国农村出版传播创新研究
308	2017	《乐做新华卖书郎》——郑士德口述历史
309	2017	面向周边国家和共建"一带一路"国家新闻出版"走出去"情况分析
310	2017	民营书业投融资调查
311	2017	品牌、特色实体书店转型升级模式与效果研究
312	2017	期刊分类方案及分类管理研究
313	2017	企鹅兰登集团发展状况研究
314	2017	全国报纸、期刊单位数据库构建
315	2017	融合背景下"中央厨房"运作模式的作用与发展趋势
316	2017	十八大以来党的新闻出版改革发展成果研究
317	2017	十八大以来党的新闻出版理论创新成果研究
318	2017	"十三五"期间出版人才队伍建设研究
319	2017	数字版权保护技术研究报告
320	2017	自媒体现状、趋势及发展管理政策研究
321	2017	网络文学社会效益评价指标体系研究
322	2017	我国点播影院现状与技术管理措施研究
323	2017	我国科技实验室成果转化机制研究
324	2017	我国内地出版传媒上市公司信息数据库建设
325	2017	我国内地出版企业上市募投项目研究
326	2017	我国移动出版现状及分类体系研究
327	2017	新闻出版标准体系研究
328	2017	《一个编辑出版者的自述——为编辑研究和编辑学学科建设尽一份力》
329	2017	印刷业"互联网＋"现况调研与未来发展研究

续表

序号	立项年份	项目名称
330	2017	英美少儿图书出版业发展情况研究
331	2017	中国传媒 PPP 理论体系与实践模式研究
332	2017	中国传媒融合创新研究
333	2017	中国上市传媒社会责任研究
334	2018	"一带一路"国际出版合作蓝皮书
335	2018	《2016 年新闻出版产业分析报告》出版资助
336	2018	《汉语大词典》出版史料研究
337	2018	2017~2018 数字出版评荐机制研究
338	2018	2018 年度中国网络文学发展研究报告
339	2018	2018 年全国新闻出版业互联网发展年度报告
340	2018	《ISLI 标准体系表》修订
341	2018	VR 技术在出版融合发展中的应用趋势研究
342	2018	版权产业经济贡献调研中的版权因子研究
343	2018	报业集团财务核算模式调研与分析
344	2018	出版物内容质量判定方法
345	2018	出版征信体系研究
346	2018	出版专业职业资格考试辅导教材建设研究
347	2018	传统书刊印刷企业智能化改造路径研究
348	2018	动漫特色小镇发展模式研究
349	2018	非公资本进入书刊出版领域运营状况分析
350	2018	改革开放 40 年畅销书出版口述史
351	2018	国家知识资源服务战略性研究
352	2018	基于访问终端的全民阅读调查系统开发升级研究（2018）
353	2018	基于投入产出分析的中美出版业的经济影响与产业关联对比研究
354	2018	全国区县报发展调研报告
355	2018	全国图书出版单位经济规模和出版规模评价研究
356	2018	书香校园评价指标体系研究
357	2018	数字出版分类及统计指标体系研究

续表

序号	立项年份	项目名称
358	2018	数字出版环境下美国报刊全媒体统计指标和统计方法研究
359	2018	数字出版与新闻传播学硕士研究生联合培养管理（2018）
360	2018	《数字内容产业市场格局与投资观察（2017~2018）》
361	2018	数字声频产品质量报告
362	2018	图书制版分开试点效果评估
363	2018	网络出版内容审校机制研究
364	2018	我国内地出版传媒上市公司信息数据库升级
365	2018	我国乡镇出版物发行网点状况调研
366	2018	我国新闻出版行业智库研究
367	2018	我国印刷单位名录库建设研究
368	2018	我国阅读产业研究报告
369	2018	新时代基层文化精准扶贫有效途径探索研究
370	2018	新时代中国特色编辑学理论研究
371	2018	新闻出版广播影视产业与特色小镇特色的融合
372	2018	中国传媒融合创新研究报告
373	2018	中国传媒社会责任研究报告
374	2018	中国期刊国际传播能力建设研究
375	2018	中国新闻出版研究院网络建设课题研究
376	2018	中国新闻出版业改革开放 40 年
377	2018	中国新闻出版业中长期发展战略研究（2020~2050 年）
378	2018	中国新闻出版"走出去"效果评估体系研究
379	2018	中韩图书出版质量管控比较研究
380	2018	主题出版传播机制研究

五 企事业单位委托课题

2001~2018 年中国新闻出版研究院承接企事业单位委托课题共 139 项（见表 5-5）。

表5-5 2001~2018年中国新闻出版研究院企事业单位委托课题名单

序号	立项年份	项目名称
1	2001	人民文学出版社15年发展战略研究
2	2002	财经出版社战略研究
3	2002	山东出版集团战略研究
4	2002	新华书店总店连锁经营战略研究
5	2004	时代书城连锁经营咨询项目
6	2005	北京音像电子出版业现状与趋势研究
7	2005	关于各级人民出版社转制问题的调研报告
8	2005	国外政府出版机构研究
9	2005	人民出版社改革方案暨"十一五"发展规划
10	2005	中华古籍数字化工程可行性报告
11	2008	杭州国家级数字出版产业基地调研报告
12	2008	中国文联下属五家出版社书号核查
13	2009	世界一流出版集团研究
14	2010	2010年度中文期刊网络传播数据分析报告
15	2011	北京中文在线上市规划
16	2011	新闻出版行业分析
17	2011	基于卫星传输的数字发行平台研究
18	2011	四川新华发行集团经营绩效评价
19	2011	邮政企业数字出版业务发展策略与实施方案研究
20	2011	中国科技出版传媒集团有限公司委托项目
21	2012	中国邮政快递可行性论证报告
22	2012	北京市建设国家新闻出版中心调研
23	2012	北京中文在线数字出版有限公司上市募集资金投资项目可行性研究报告
24	2012	读者出版传媒股份有限公司上市募集资金投资项目·出版资源信息化管理平台建设项目可行性研究报告
25	2012	读者出版传媒股份有限公司上市募集资金投资项目·刊群建设出版项目可行性研究报告
26	2012	读者出版传媒股份有限公司上市募集资金投资项目·数字出版项目可行性研究报告
27	2012	读者出版传媒股份有限公司上市募集资金投资项目·特色精品图书出版项目可行性研究报告
28	2012	读者出版传媒股份有限公司上市募集资金投资项目·营销与发行服务体系建设项目可行性研究报告

续表

序号	立项年份	项目名称
29	2012	读者出版传媒股份有限公司上市募集资金投资项目·总项目可行性研究报告
30	2012	关于北京建设版权之都的研究报告
31	2012	海峡国家数字出版产业基地申报
32	2012	江苏国家数字出版产业基地扬州园区中长期发展规划
33	2012	教辅新政下全国教辅发行情况及政策建议
34	2012	前海（国家级）数字出版产业基地可行性研究报告
35	2012	邮政企业数字出版业务发展策略与实施方案研究
36	2012	张家港市全民阅读状况调查研究
37	2012	中国科技出版传媒股份有限公司上市募集资金投资项目可行性研究报告
38	2015	2005~2014 龙源期刊 TOP100 排行解读
39	2015	2014 年东莞市版权产业的经济贡献调研
40	2015	2014 年度中央文化企业数字资源库建设——人大数媒
41	2015	2014 年度中央文化企业数字资源库建设——人民法院出版社
42	2015	2014 年度中央文化企业数字资源库建设——中国水利水电出版社
43	2015	2014 年度中央文化企业数字资源库建设——中国铁道出版社
44	2015	2015 年度中央文化企业数字资源库建设——法律出版社
45	2015	2015 年中央财政文化产业扶持项目申报（"OSMA 资源管理平台建设运营工程"项目）
46	2015	北京盛通印刷股份有限公司增资可行性研究
47	2015	北京市"十三五"时期新闻出版业发展规划
48	2015	北京市新闻出版广电局行政许可法制监督案卷评查
49	2015	常州市居民阅读状况调查
50	2015	出版与制作分离课题研究
51	2015	地质专业知识体系标准
52	2015	多媒体互动教学资源库建设及应用示范
53	2015	凤凰阿歇特潜在商业伙伴分析
54	2015	基于大数据动漫数字营销服务平台的研究
55	2015	教育出版问题研究
56	2015	面向"最严格水资源管理制度"落实的舆情检测数据库建设研究
57	2015	农业专业内容资源库建设项目

续表

序号	立项年份	项目名称
58	2015	视觉内容与服务在出版行业的产业化
59	2015	数字出版产业发展情况报告及对北京国家数字出版基地的启示
60	2015	图书出版内容审读及编校质量研究
61	2015	在线教育出版权问题研究
62	2015	知识服务模式标准研制——化学工业出版社
63	2015	知识服务模式标准研制——中国林业出版社
64	2015	知识资源建设与服务工作指南
65	2015	知识资源建设与服务基础术语
66	2015	中国教育出版传媒集团股份有限公司上市募集资金项目可行性研究及报告
67	2015	中国政府法制及法律行业数字资源互动知识库
68	2015	中文天地出版传媒股份有限公司"十三五"发展战略规划
69	2016	2014~2015 年中国互联网与数字出版研究指南
70	2016	国际出版业商协会信息库项目
71	2016	国土地质专业数字内容运营平台管理标准研发
72	2016	吉林出版集团股份有限公司上市募集资金项目可行性研究
73	2016	江西国家数字出版产业基地抚州园区申报
74	2016	面向"最严格水资源管理制度"落实的舆情监测数据库建设研究
75	2016	数字印刷技术最新发展与应用情况
76	2016	图形商标数字版权技术保护调研
77	2016	新闻出版产业保险发展规划
78	2016	新闻出版公共服务 PPP 创新研究
79	2016	学术出版标准研制
80	2016	影视"走出去"与国家全球文化战略研究
81	2016	知识服务平台构建及产业化应用
82	2016	中国环境出版集团"十三五"发展规划
83	2016~2018	南水北调东线总公司网络舆情监测（共 2 项）
84	2017	北京盛通印刷股份有限公司天津投资项目可行性研究
85	2017	出版业 AR 技术应用规范行业标准制定资助协议
86	2017	影片著作权授权信息公示查询系统研发

续表

序号	立项年份	项目名称
87	2017	电子工业出版社 CNONIX 企标项目
88	2017	新闻出版行业成功案例调研报告
89	2017	基于移动互联网出版的大数据发展模式研究
90	2017	教辅管理的法律基础研究
91	2017	2016 年度大众（文学）图书纸电出版发行报告
92	2017	九州出版社数据标准研究
93	2017	蓝猫动漫产业规划及基地建设
94	2017	骆越文化复合出版及特色农业知识服务推广
95	2017	媒介融合背景下南水北调东线总公司新媒体建设研究
96	2017	面向最严格水资源管理的舆情抓取与分析研究
97	2017	某新闻出版单位按需出版印刷需求调研
98	2017	喷墨印刷应用技术市场调研与推广报告
99	2017	期刊融合出版及知识资源共享数据库建设
100	2017	上海合煦信息科技公司咨询项目
101	2017	数字版权保护技术服务
102	2017	数字编辑专业初中级评价考试项目
103	2017	中国标准乐谱出版物号标准实施方案研究
104	2017	中国数字内容产业研究相关成果联合出版发布
105	2017	中国新闻出版 VR 融合发展研究
106	2017	中云文化大数据科技有限公司中国新闻出版研究院实验室建设
107	2017	出版业 AR 技术应用规范行业标准制定
108	2017	出版业 AR 技术应用规范行业标准制定——聚能鼎力
109	2017	出版业 AR 技术应用规范行业标准制定——漫阅
110	2018	2017 年度中国网络文学产业发展报告
111	2018	2018 年世界 VR 产业大会分论坛三方合作项目
112	2018	2018 年世界 VR 产业大会同期展会 VR/AR 产品和应用展览会三方合作项目
113	2018	2018 年新闻出版 VR/AR 创新论坛合作项目
114	2018	2019 年国有资本金申报——中国法制出版社项目
115	2018	出版业 AR 技术应用规范——创梦天地

续表

序号	立项年份	项目名称
116	2018	电力科技知识标准规范研究及体系建立
117	2018	读者募投项目变更可行性研究
118	2018	国家新闻出版广电总局七二四台 VR 技术应用研发服务
119	2018	国家知识资源服务战略性研究——地质出版社
120	2018	某新闻出版单位按需出版印刷需求调研（福建省）
121	2018	农业平台建设核心元数据标准
122	2018	青岛市居民阅读调查
123	2018	山东潍坊新华书店文化旅游项目可行性研究
124	2018	山西国家新闻出版广播影视传媒融合发展基地规划
125	2018	少年儿童阅读研究与促进工作
126	2018	西方媒体对中国特色社会主义思想报道考察
127	2018	新闻出版业的智能化革命
128	2018	阅读地平线计划合作项目
129	2018	知识服务国家标准制定——地质出版社
130	2018	知识服务国家标准制定——法律出版社
131	2018	知识服务国家标准制定——广东经济出版社
132	2018	知识服务国家标准制定——海关出版社
133	2018	知识服务国家标准制定——化学工业出版社
134	2018	知识服务国家标准制定——人大数媒有限公司
135	2018	知识服务国家标准制定——人民交通出版社
136	2018	知识服务国家标准制定——铁道出版社
137	2018	中国数字内容产业系列研究报告
138	2018	中小学学科阅读标准规范

参考文献

［1］ 荆林波等.中国智库综合评价 AMI 研究报告（2017）［M］.北京：中国社会科学出版社，2018.

［2］ 李刚，王斯敏，陈媛媛.CTTI 智库报告（2017）［M］.南京：南京大学出版社，2018.

［3］ 荆林波等.全球智库评价报告（2015）[M].北京：中国社会科学出版社，2016.

［4］ 朱旭峰.中国思想库：政策过程中的影响力研究［M］.北京：清华大学出版社，2009.

［5］ 上海社会科学院智库研究中心.2018 中国智库报告 [EB/OL].2019-03-22[2019-09-18].http://www.199it.com/archives/849471.html.

［6］ 清华大学公共管理学院智库研究中心.智库大数据报告（2018）[EB/OL].2019-06-12[2019-9-10].http://www.199it.com/archives/890149.html.

［7］ 四川省社会科学院，中国科学院成都文献情报中心.中华智库影响力报告（2018）［R］.成都：2019.

［8］ 贾宇.立足高端 服务决策 引领发展［N］.光明日报，2016-12-01（16）.

［9］ 南京大学中国智库研究与评价中心，光明日报智库研究与发布中心联合课题组.2018CTTI 来源智库发展报告［N］.光明日报，2019-01-07（16）.

［10］ 李曜坤.推动我国智库迈向高质量发展阶段［N］.中国经济时报，2019-10-25（005）.

［11］ 钟裕民.公共政策滞后：概念综述与反思［J］.理论导刊，2009（11）：104-106.

［12］ 袁鹏.美国思想库：概念及起源［J］.国际资料信息，2002（10）：1-5.

［13］ 隋桂玲.g指数与h指数、e指数的关系及其文献计量意义［J］.图书情报工作，2013，57（23）：90-94.

［14］ 叶鹰.h指数和类h指数的机理分析与实证研究导引［J］.大学图书馆学报，2007（5）：2-5.

［15］ 陈媛媛.智库学术影响力评价研究［J］.图书馆论坛，2017（12）：54- 60.

［16］ 王辉耀，苗绿，邓莹.中国社会智库的运营创新探析［J］.智库理论与实践，2016，1（02）：55-62.

［17］ 黄仁伟，傅勇.中国新型智库建设与国际经验借鉴［J］.社会科学文摘，2016（03）：5-7.

［18］ 智库中国.智库名录［EB/OL］.http://www.china.com.cn/opinion/think/node_7238392.htm.

［19］ 中国智库网.中国智库［EB/OL］.http://www.chinathinktanks.org.cn/department/list.

［20］ 邹婧雅，冯雅，李刚，王斯敏，张胜等.2018CTTI来源智库发展报告［EB/OL］.2019-01-04［2019-06-28］.http://topics.gmw.cn/2019-01-04/content_32298751.htm？ s=gmwreco2.

［21］ 肖君华，骆辉，陈湘文，周湘智.高水平智库：在供需有效对接中精准发力［EB/OL］2019-01-14［2019-11-29］http://theory.people.com.cn/n1/2019/0114/c40531-30525496.html.

［22］ Jorge Hirsch. An Index to Quantify an Individual's Scientific Research Output［J］. PNAS，2005，102（46）：569-572.

［23］ Ronald Rousseau. New Developments Related to the Hirsch Index［J］. Science Focus，2006：1-4.

［24］ Leo Egghe. An Improvement of the h-index: the g-index［J］.Issi Newsletter，2006，2（1）：8-9.

［25］ Leo Egghe. Theory and Practice of the g- index［J］. Scientometrics，2006，69（1）：131-152.

附　录

附录一　问卷制定及回收情况

在本研究初期的调研阶段，为了解新闻出版行业智库参与政策制定的情况，我们以问卷的形式面向研究新闻出版行业的智库开展了调研工作。在调研过程中我们遇到了种种问题：部分智库由于联系方式发生变动或智库本身机构设置发生了变化，没能取得联系；部分智库因机构改革导致职能发生改变，拒绝了调研；部分智库参与调研的意愿不高，没有及时填写问卷并反馈。以上各种原因导致问卷的实际回收率不足50%，有效数据不足以支撑得出结论，故未在正文采用。在此，我们将调研问卷的制定、发放及回收情况进行总结，作为补充材料供参考。

一　调研问卷制定情况

本次调研分为两部分，第一部分为科研单位人员及成果情况调研，由智库科研管理部门填写，以此了解新闻出版行业智库的科研人员及新闻出版相关方向科研人员数量、政策研究部门设置情况及政策研究人员数量、智库近十年资政情况等。第二部分为科研人员参与新闻出版相关政策、规划制定情况调研，由科研单位组织分发给本单位相关人员填写，以此了解新闻出版行业智库的科研人员参与行业政策制定的具体情况。问卷旨在客观反映新闻出版行业智库的政策参与情况及影响力。

二　调研问卷发放及回收情况

本次调研的对象是 21 家以新闻出版为研究方向的智库，主要通过电话与受访智库建立联系，通过邮件等方式将问卷的在线填写链接发送至受访人。问卷发放及回收情况如下。

未取得联系的单位 5 家；表示不参加调研的单位 3 家，因机构调整等原因，这 3 家机构目前已不再从事新闻出版相关研究工作或已不再作为智库运营；取得联系但未填写问卷的单位 6 家。

填写问卷的 7 家机构为安徽省社会科学院新闻与传播研究所、北京师范大学出版科学研究院、清华大学国际传播研究中心、人民网新媒体智库、人民网研究院、中国社会科学院新闻与传播研究所、中国新闻出版研究院。

科研人员参与新闻出版相关政策、规划制定情况的调研对象是智库内的科研人员，总计 21 人填写。其中安徽省社会科学院新闻与传播研究所 1 人填写，北京师范大学出版科学研究院 4 人填写，清华大学传播研究中心 1 人填写，中国新闻出版研究院 15 人填写。

三　科研单位人员及成果（新闻出版）情况调研问卷

本问卷由科研单位管理部门进行填写，请贵单位由牵头管理部门组织相关知情部门作答，并提交一份完整问卷。

1. 贵单位名称_____

2. 贵单位科研人员总数_____人

3. 贵单位新闻出版相关方向科研人员总数_____人

4. 贵单位入选全国新闻出版行业领军人才数量_____人

5. 贵单位是否有专门的政策研究部门（　　　）

　　a. 是　　　　　b. 否

6. 贵单位是否有专门的政策研究人员（　　　）

　　a. 是　　　　　b. 否

7. 贵单位近十年（2009~2018 年）是否向上级领导部门呈送过新闻出版内参或要情（　　　）

a. 是 　　　　b. 否

8. 曾向上级领导部门呈送内部参阅资料_____件；得到上级批示_____件

9. 贵单位近十年（2009~2018 年）承担国家级政府科研项目数量_____项

10. 贵单位近十年（2009~2018 年）是否承担过企业委托项目（　　）

a. 是 　　　　b. 否

11. 贵单位是否主办过新闻出版相关会议、论坛、培训（　　）

a. 是 　　　　b. 否

12. 贵单位近十年（2009~2018 年）主办新闻出版相关会议、论坛、培训_____次

13. 贵单位近十年（2009~2018 年）主办新闻出版相关会议、论坛、培训情况（填写下表）

序号	会议/论坛/培训名	首次举办时间（年）	已连续举办几届
1			
2			
3			
4			
...			

四　科研人员参与新闻出版相关政策、规划制定情况调研问卷

问卷说明：（1）调研对象：新闻出版科研人员；（2）政策范围：2009~2018 年中共中央、国务院及其直属机构颁布的政策文件，地方性政策暂不列入调查范围；（3）参与情况界定：起草——作为专家参与政策讨论、起草、评估等工作，包括但不限于参与政策起草阶段的前期研究、调查、讨论、听证等工作；讨论——作为专家对已起草的政策提供意见建议、递交建言报告；评审——参与政策评估；宣传——参与政策解读等活动。

1. 单位名称_____

2. 所在部门_____

3. 姓名_____

4. 是否曾为政府相关部门讲课（　　　）

　　a. 是　　　　　　b. 否

5. 是否曾参与新闻出版相关政策规划起草、讨论或评审（　　　）

　　a. 是　　　　　　b. 否

6. 参与新闻出版相关政策规划起草、讨论或评审的数量_____件（即第7题参与政策总数）

7. 请在参与过的政策序号前打√

	《关于扶持动漫产业发展有关税收政策问题的通知》（财政部、国家税务总局，2009年7月17日）
	《关于扶持动漫产业发展增值税营业税政策的通知》（财政部、国家税务总局，2011年12月27日）
	《关于延续动漫产业增值税政策的通知》（财政部、税务总局，2018年4月19日）
	《关于动漫企业进口动漫开发生产用品税收政策的通知》（财政部、海关总署、国家税务总局，2016年8月1日）
	《关于加强网络文学作品版权管理的通知》（国家版权局，2016年11月11日）
	《版权工作"十二五"规划》（国家版权局，2011年4月20日）
	《关于规范网络转载版权秩序的通知》（国家版权局，2015年4月22日）
	《版权工作"十三五"规划》（国家版权局，2017年1月25日）
	《互联网新闻信息服务管理规定》（国家互联网信息办公室，2017年5月2日）
	《互联网新闻信息服务单位内容管理从业人员管理办法》（国家互联网信息办公室，2017年10月30日）
	《关于印发文化体制改革试点中支持文化产业发展和经营性文化事业单位转制为企业的两个规定的通知》（国务院办公厅，2016年9月21日）
	《国务院关于推进文化创意和设计服务与相关产业融合发展的若干意见》（国务院，2014年3月14日）
	《文化产业振兴规划》（国务院，2009年9月26日）
	《关于印发文化体制改革中经营性文化事业单位转制为企业和进一步支持文化企业发展两个规定的通知》（国务院办公厅，2014年4月16日）
	《深入实施国家知识产权战略行动计划（2014~2020年）》（国务院办公厅转发，2015年1月4日）
	《关于规范网络游戏运营加强事中事后监管工作的通知》（文化部，2016年12月1日）
	《网络游戏管理暂行办法》（修订）（文化部，2017年12月15日）
	《"十二五"时期国家动漫产业发展规划》（文化部，2012年6月26日）
	《关于推动网络文学健康发展的指导意见》（国家新闻出版广电总局，2015年1月5日）
	《关于印发〈网络文学出版服务单位社会效益评估试行办法〉的通知》（国家新闻出版广电总局，2017年6月14日）
	《关于大力推进我国音乐产业发展的若干意见》（国家新闻出版广电总局，2015年12月1日）

续表

《关于加强数字出版内容投送平台建设和管理的指导意见》（国家新闻出版广电总局，2013 年 12 月 30 日）
《新闻出版业数字出版"十三五"时期发展规划》（国家新闻出版广电总局，2016 年 6 月 29 日）
《深化新闻出版体制改革实施方案》（国家新闻出版广电总局，2014 年 10 月 1 日）
《关于加快新闻出版业实验室建设的指导意见》（国家新闻出版广电总局，2016 年 10 月 20 日）
《关于深化新闻出版业数字化转型升级工作的通知》（国家新闻出版广电总局，2017 年 5 月 18 日）
《全民阅读"十三五"时期发展规划》（国家新闻出版广电总局，2016 年 12 月 17 日）
《全民阅读促进条例》（国家新闻出版广电总局，2017 年 6 月 1 日）
《关于规范报刊单位及其所办新媒体采编管理的通知》（国家新闻出版广电总局，2017 年 8 月 2 日）
《网络出版服务管理规定》（国家新闻出版广电总局，2016 年 2 月 4 日）
《"十三五"国家重点图书、音像、电子出版物出版规划》（国家新闻出版广电总局，2016 年 5 月 17 日）
《出版物进口备案管理办法》（国家新闻出版广电总局、财政部，2017 年 2 月 22 日）
《关于推动新闻出版业数字化转型升级的指导意见》（国家新闻出版广电总局、财政部，2014 年 4 月 30 日）
《关于移动游戏出版服务管理的通知》（国家新闻出版广电总局办公厅，2016 年 6 月 2 日）
《关于实施"中国原创游戏精品出版工程"的通知》（国家新闻出版广电总局办公厅，2016 年 11 月 4 日）
《新闻出版广播影视"十三五"发展规划》（国家新闻出版广电总局改革办公室，2017 年 9 月 20 日）
《关于印发〈新闻出版广播影视企业版权资产管理工作指引（试行）〉的通知》（国家新闻出版广电总局改革办公室，2018 年 2 月 13 日）
《关于加快我国数字出版产业发展的若干意见》（新闻出版总署，2010 年 9 月 15 日）
《新闻出版业数字出版"十二五"时期发展规划》（新闻出版总署，2011 年 4 月 20 日）
《新闻出版总署关于进一步推动新闻出版产业发展的指导意见》（新闻出版总署，2010 年 1 月 1 日）
《关于印发〈关于进一步推进新闻出版体制改革的指导意见〉的通知》（新闻出版总署，2009 年 3 月 25 日）
《新闻出版业"十二五"时期发展规划》（新闻出版总署，2011 年 4 月 20 日）
《新闻出版业科技"十二五"时期发展规划》（新闻出版总署，2011 年 4 月 20 日）
《关于加快出版传媒集团改革发展的指导意见》（新闻出版总署，2012 年 2 月 27 日）
《关于支持民间资本参与出版经营活动的实施细则》（新闻出版总署，2012 年 6 月 28 日）
《关于延续宣传文化增值税和营业税优惠政策的通知》（中共中央办公厅、国务院办公厅，2013 年 12 月 1 日）
《国家"十三五"时期文化发展改革规划纲要》（中共中央办公厅、国务院办公厅，2017 年 5 月 7 日）
《关于推动传统媒体和新兴媒体融合发展的指导意见》（中共中央办公厅、国务院办公厅，2015 年 4 月 9 日）
《国家"十二五"文化改革发展规划纲要》（中共中央办公厅、国务院办公厅，2012 年 2 月 15 日）
《中共中央关于深化文化体制改革、推动社会主义文化大发展大繁荣若干重大问题的决定》（中国共产党第十七届中央委员会第六次全体会议通过，2011 年 10 月 18 日）
《关于支持实体书店发展的指导意见》（中宣部、国家新闻出版广电总局、国家发展和改革委员会、教育部、财政部、住房和城乡建设部、商务部、文化部、中国人民银行、国家税务总局、国家工商总局，2016 年 6 月 16 日）

附录二　我国新闻出版行业智库概况

本部分从机构概况、人员情况、组织架构、研究方向、主要开展业务、科研成果等方面对入选的新闻出版行业智库进行介绍。介绍内容以各智库官网公开信息为主。

第一类　党政部门智库（按智库名称拼音排序）

一　国家广播电视总局广播影视发展研究中心

（一）概况

国家广播电视总局广播影视发展研究中心（以下简称"广电总局发展研究中心"）成立于 2004 年 4 月，是原广电总局直属的政策研究机构。广电总局发展研究中心以服务于总局决策，建设智囊团、思想库为宗旨，同时注重为行业发展提供咨询服务，保持同全国广电系统的密切联系，发展同相关部委政策研究机构、社会科学研究机构和高等院校的联系与合作，积极开展和参与各种国内国际的相关政策、学术、业务交流活动，政策研究水平和咨询服务能力日益提升。

（二）组织架构

广电总局发展研究中心内设政策研究所、产业研究所、信息研究所（广电蓝皮书编辑部）、新媒体研究所、国际研究所、电影发展研究所、法律事务所以及综合办公室（人事部、财务部）、科研管理部 7 个研究所和 2 个职能部门。

（三）人员情况

广电总局发展研究中心拥有一支高素质的专业研究队伍，现有研究人员中具有高级职称的占 54%，具有博士学位的占 34%。既有资深广电研究专家，亦有学有专长的年轻研究人员。所学专业涵盖新闻传播学、法学、经济学、管理学、社会学、教育学、心理学、哲学、文学等学科。

（四）主要开展业务

广电总局发展研究中心主要业务为：组织开展广播影视宏观政策、发展战略、法律法规、体制改革、产业发展和新媒体发展等重要问题的研究；收集分析国内外广播影视发展动态等信息，编写、发布中国广播影视发展年度报告、视听新媒体发展报告；组织开展国内外广播影视政策法规、体制机制等比较研究；开展国内外广播影视学术业务交流；承办原总局交办的其他事项。中心成立以来，完成了一批重要课题研究，研究成果得到了中央领导和原国家广电总局领导的肯定。[①]

二　中国新闻出版研究院

（一）概况

中国新闻出版研究院是我国新闻出版领域唯一的国家级研究机构，曾先后隶属国家新闻出版总署、国家新闻出版广播电视总局，2018 年国家机构改革后由中央宣传部直接领导。中国新闻出版研究院前身是 1985 年 3 月成立的中国出版发行科学研究所，1989 年 8 月更名为中国出版科学研究所，而后经中央机构编制委员会办公室批复同意，于 2010 年 9 月 17 日更名为中国新闻出版研究院。

（二）人员情况

研究院现有职工 200 余人，其中院本部 114 人。享受国务院政府特殊津贴 3 人、"四个一批"人才 3 人、行业领军人才 6 人。拥有正高级职称人员 12 人（院本部）、副高级职称人员 23 人（院本部）。

（三）组织架构

研究院下设 8 个研究所：出版研究所（阅读研究与促进中心）、传媒研究所、印刷研究所、出版产业研究所（调查统计中心）、数字出版研究所、标准化研究所、出版法制与版权研究所、人才研究所；1 个中心：工程研发中心（信息中心）；研究院主办《出版发行研究》杂志社、《出版参考》杂志社、《传媒》杂志社、《新阅读》杂志社、中国书籍出版社；举办城乡统筹发展研究中心。

---

① 百度百科 . 国家广播电视总局广播影视发展研究中心［EB/OL］.［2020-02-01］.https://baike.baidu.com/item/ 国家广播电影电视总局广播影视发展研究中心 /2322904?fr=aladdin.

（四）主要开展业务

研究院以国内外出版业的现状、趋势与历史为研究方向，为政府和行业提供全方位的决策咨询和智力支持。同时，还组织制定出版业相关标准，组织编撰、出版专业类书刊，发布国内外出版资讯，组织或承办出版界大型行业活动等工作。

（五）科研成果

研究院成立 30 多年来，完成包括国家级课题、省部级课题及各种委托课题共1000 余项，其中社科基金项目、科技部项目、财政部项目等国家级项目 20 余项。

研究院在长期的科研活动中积累形成了一批品牌项目，中国出版蓝皮书系列、国际出版蓝皮书系列、数字出版年度报告均已连续出版十余册，为行业发展提供了重要数据和发展建议。

研究院始终为行业主管部门决策服务，参与了《著作权法》《出版管理条例》《全民阅读促进条例（草案）》等法规制定修订工作，参与了重要文件的起草工作，并积极为出版企业提供服务。

第二类　科研院所智库（按智库名称拼音排序）

一　安徽省社会科学院新闻与传播研究所

（一）概况

安徽省社会科学院新闻与传播研究所（以下简称"新闻所"）的前身是 1983 年 5 月成立的情报研究所，当时下设情报研究室和图书馆。图书馆改由院直管后，情报研究所更名为新闻信息研究所。2010 年，再次更名为新闻与传播研究所。

（二）人员情况

全所共有科研人员 9 人（含退休），其中正高级职称 4 人、副高级职称 2 人、中级职称 3 人。

（三）组织架构

新闻所内设新闻与媒介研究室、传播与社会研究室；挂靠安徽省中国特色社会主义理论研究会、安徽省旅游发展研究中心。

（四）研究方向

新闻所成立之初，曾创办《领导参阅》和《学术情报》两份内刊，服务于各级领导和全院科研人员。随着机构、人员和职能的转变，其服务功能逐步转向科研职能，研究领域主要是新闻学与传播学，主攻科研方向是新闻传播史、网络传播学、旅游社会学等。

（五）科研成果

新闻所 2010 年结项的国家社科基金项目"新四军及华中抗日根据地报刊研究"获良好等级，2013 年结项的国家社科基金项目"博客舆情分析研判机制研究"获得优秀等级，2018 年结项的"微博舆论与公众情绪互动研究"获得优秀等级。

新闻所学术论文发表较多且刊物等级较高，多篇论文被人民网、新华网、中国社会学网等几十家网站转载，同时，编著及合撰多部学术著作，学术观点受到学界关注。[1]

二 贵州省社会科学院[2]

贵州省社会科学院建院于 1979 年，拥有 9 个研究所、3 个科辅部门、8 个行政处室，在职 170 余人。建院后的 25 年间，贵州省社科院共完成各类研究项目 288 项，出版专著 322 本、6046 万字，出版译著 27 本，发表论文和研究报告 5189 篇、5960 万字，完成国际合作项目 14 项，获奖科研成果 247 项。25 年间，共有 1.2 亿字的科研成果，年均 480 万字。[3]

三 河北省社会科学院新闻与传播学研究所

（一）概况

河北省社会科学院新闻与传播学研究所于 1989 年 12 月正式创建，也是河北省唯一一所研究大众传媒规律与特点的专业科研机构。

---

[1] 安徽省社会科学院新闻与传播研究所概况［EB/OL］.［2020-02-01］.http://www.aass.ac.cn/html/bsgk341/index.html.
[2] 注：由于从各种渠道均未找到关于贵州省社会科学院传媒与舆情研究所的介绍，此处以贵州省社会科学院概况代替。
[3] 黄钧儒.在实践中回眸与前瞻——为贵州省社会科学院建院 25 周年而作［J］.贵州社会科学，2005（01）：4-5.

（二）组织架构

河北省社会科学院新闻与传播学研究所内设新闻传播理论、广播电视及网络新闻、新闻传播业务 3 个研究室。

（三）研究方向

该所以应用研究与基础理论研究并重，立足河北、面向全国、开门办所。现主要研究领域与优势为：新闻学与传播学理论与业务，广播电视网络新闻，河北省新闻事业的历史、现状、改革与发展，河北文化大省及黄绮先生研究，国际学术规范等。

（四）研究成果

建所以来，该所先后公开发表与被采用成果近 500 项。其中被《新华文摘》摘登、转载 5 项，中国人民大学报刊资料全文复印 3 项。《人民日报》《光明日报》发表近 20 项。完成国家教委、省社科规划及院重点项目 10 多项，被中共中央政研室、国务院研究室、省委省政府领导采纳与肯定批转纳入应用决策服务近 20 项。该所共获省社科联一等奖 1 项、三等奖 4 项，省地方志一等奖 1 项，新华社《中国记者》二等奖 1 项，《人民日报》"新闻战线"三等奖 1 项。[①]

四　四川省社会科学院新闻传播研究所

（一）概况

四川省社会科学院新闻传播研究所前身为 1986 年 8 月组建的四川省社会科学院直属"新闻宣传学研究室"。1992 年 9 月"新闻宣传学研究室"与四川日报社签订协议，共同培养研究生和编辑《新闻界》杂志。1996 年，"新闻宣传学研究室"更名为"新闻传播研究所"。

（二）人员情况

新闻传播研究所现有研究员 1 人、副研究员 8 人、助理研究员 5 人、实习研究员 2 人、学术秘书（助研）1 人。有享受国务院政府特殊津贴专家 1 名、四川省学术和技术带头人 1 名、四川省学术和技术带头人后备人选 5 名。

---

① 河北省社会科学院.河北省社会科学院——新闻与传播学研究所简介［J］.河北学刊，2006（04）：242.

（三）研究方向

新闻传播研究所的研究方向为中国发展新闻学、舆论引导研究、媒介与市场研究、新媒体研究，其中主攻方向为中国发展新闻学研究。

（四）研究成果

新闻传播研究所迄今共获国家社科基金项目课题9项，出版《中国新闻学概论》1部，发表学术论文数百篇；每年有几十篇论文发表于本学科核心期刊。2008年初，中国人民大学《复印报刊资料·新闻与传播》公布2007年度转载量前10名全国作者单位排行榜，新闻传播研究所名列第九。

五　中国社会科学院新闻与传播研究所

（一）概况

中国社会科学院新闻与传播研究所成立于1978年8月，原名为中国社会科学院新闻研究所，1997年9月更改为现名。研究所是我国最早培养新闻传播学高端人才的基地，出版发表了大量的专著、译著、论文、研究报告等，并为党中央、国务院提供了重要的新闻传播研究报告。[①]

（二）组织架构

研究所设有4个专业研究室：马克思主义新闻学研究室、传播学研究室、网络学研究室、媒介研究室；设有1个信息室、1个编辑室和1个综合办公室；设有1个新闻学与传播学系、1个博士后流动站；设有全国性学会1个，即中国新闻文化促进会传播学分会；设有7个非实体研究中心：其中院级中心1个——新媒体研究中心，所级中心6个——北京新闻与公关发展中心、媒介传播与青少年发展研究中心、传媒发展研究中心、世界传媒研究中心、传媒调查中心、广播影视研究中心；设有3个实验室或实践基地：全球影视与文化软实力实验室、中国舆情调查实验室和中国跨文化传播研究与实践基地。

---

① 百度百科.中国社会科学院新闻与传播研究所［EB/OL］.［2020-02-01］.https://baike.baidu.com/item/%E4%B8%AD%E5%9B%BD%E7%A4%BE%E4%BC%9A%E7%A7%91%E5%AD%A6%E9%99%A2%E6%96%B0%E9%97%BB%E4%B8%8E%E4%BC%A0%E6%92%AD%E7%A0%94%E7%A9%B6%E6%89%80/10344780.

（三）人员情况

经历几代人的努力，研究所已拥有一支高素质的新闻学、传播学研究队伍。院核定编制数 50，现有在编在岗人员 46 人。专业技术岗位人员 38 人，其中，正高 9 人、副高 12 人。管理岗位人员 7 人，处级以上干部 5 人。

（四）主要开展业务

研究所开展的主要业务内容包括：（1）马克思主义新闻学研究、传播学研究、互联网新媒体研究，以及相关培训及学术交流与咨询。（2）3 种连续性出版物：学术月刊《新闻与传播研究》、大型年刊《中国新闻年鉴》和年度蓝皮书《中国新媒体发展报告》。（3）实施创新工程项目：研究所 2013 年开始实施创新工程，推出 3 个创新项目；2014~2015 年延续拓展创新工程，设立 7 个创新项目。①

第三类　高校智库（按拼音排序）

一　北京大学新闻与传播学院②

（一）概况

2001 年 5 月 28 日，北京大学恢复新闻与传播学院。新闻与传播学院依托日益增强的新闻学和传播学学科基础，整合全校资源，逐步形成具有北大特色、适应时代发展的新闻与传播学研究和教学模式，形成了包括新闻学、传播学、广告学、编辑出版学、网络传播、广播影视、跨文化交流、公共关系、媒体经营管理等在内的学科群。

（二）组织架构

学院下设新闻学系、传播学系、广告学系、广播电视学系。下属研究机构包括：北京大学国家战略传播研究院、北京大学现代广告研究所、北京大学现代出版研究所、北京大学文化与传播研究所、北京大学电视研究中心、北京大学新闻学研究会、北京大学新媒体营销传播研究中心、北京大学视听传播研究中心、北京大学新闻与传播学院公共传播与社会发展研究中心。

---

① 中国社会科学院新闻与传播研究所.本所简介［EB/OL］.［2020-02-01］.http://xinwen.cssn.cn/xws/bsjj/.
② 北京大学新闻与传播学院.学院频道［EB/OL］.［2020-02-01］.http://sjc.pku.edu.cn/School.aspx.

（三）人员情况

学院现有全职教学科研人员 28 人，在校本科生 421 人（含国外留学生 108 人），研究生 284 人（博士生 89 人、硕士生 195 人），港澳台地区学生及国外留学生 29 人。师资队伍老中青结合，学历层次本硕博齐备。经过几年的发展，新闻与传播学院学科建设已经日臻完备，具备较高培养能力。

二　北京师范大学出版科学研究院①

（一）概况

北京师范大学出版科学研究院是我国高等院校中第一家专门、独立的培养高层次编辑出版专业人才的科学研究机构，其前身是 1993 年成立的出版科学研究所。随着社会发展的需要和研究力量的不断发展壮大，2005 年，北京师范大学联合原国家新闻出版总署正式挂牌成立北京师范大学出版科学研究院。

2010 年，教育部社会科学司在出版科学研究院设立"高校出版质量监督检查中心"，对全国高校出版社图书、期刊、音像等出版物质量进行检查。2013 年，出版科学研究院还与北京出版集团有限责任公司联合创设了京版集团人才培养基地。

（二）组织架构

北京师范大学出版科学研究院下设 5 个研究中心：学前教育出版研究中心、基础教育出版研究中心、高职教育出版研究中心、学术出版研究中心、跨媒体营销研究中心；4 个实验室、工作室：融媒体实验室、大数据出版实验室、VR 传播实验室、创新项目工作室；2 个委托管理中心：高校出版质量监督检查中心、中国出版评估中心；4 个服务部门：行政部、研发部、培训部、运营部。

三　复旦大学新闻学院

（一）概况

复旦大学新闻学院前身为复旦大学新闻系，创办于 1929 年 9 月，是中国历史悠

---

① 北京师范大学出版科学研究院．研究院概况［EB/OL］．［2020-01-22］.https://pub.bnu.edu.cn/xygk/xyjj/.

久的新闻传播教育机构。新闻学院设有新闻学系、广播电视学系、广告学系、传播学系4个系，建立了本科、硕士、博士、博士后等多层次的新闻传播人才教育体系。学院共开设新闻学、传播学、广播电视学3个博士专业，以及新闻学、传播学、广播电视学、广告学、媒介管理学5个学术硕士专业；自2011年起设立新闻与传播硕士专业学位，现有新闻与传播、财经新闻、新媒体传播、国际新闻传播、全球媒介与传播5个专业方向。

（二）人员情况

新闻学院现有全职教职工82人，其中教授25人（博士生导师22人）、副教授21人、讲师5人。学院先后拥有国务院学位委员会新闻传播学学科评议组召集人2人，教育部高等学校新闻学学科教学指导委员会主任委员、副主任委员3人，教育部长江学者特聘教授、青年长江学者3人。

（三）研究机构

学院下属研究中心有复旦大学马克思主义新闻观教学与研究基地、复旦大学信息与传播研究中心、复旦大学国家文化创新研究中心、复旦大学传播与国家治理研究中心。

（四）科研建设情况及成果

新闻学院在新闻理论、传播理论、传播学实证调查、视觉文化与传播、健康传播等研究领域居于国内领先水平，产生了一批国内领先的创新性学术成果，并逐步具备了国际影响。复旦大学新闻传播学科2007年获批为全国一级学科重点学科，学科基础扎实丰厚，拥有新闻学、传播学两个国家重点学科；2015年进入上海市重点支持的高峰学科行列。新闻学院拥有教育部人文社会科学重点研究基地、"985工程"国家哲学社会科学创新研究基地，文化部复旦大学国际文化创新研究中心、复旦大学传媒与舆情调查中心、全国大学生舆情调查与研究中心等研究中心、基地和国家级实验教学示范中心。新闻学院1981年起连续出版至今的《新闻大学》，是国内创办最早的新闻传播学术刊物之一，在全国历届新闻核心期刊评选中名列前茅。[①]

---

① 复旦大学新闻学院．学院介绍［EB/OL］．［2020-01-22］．http://www.xwxy.fudan.edu.cn/node2/fdxwxy/n1339/n1340/n1342/n1352/index.html.

四 湖南师范大学新闻与传播学院

（一）概况

湖南师范大学新闻与传播学院成立于 2001 年 3 月，是湖南省成立的首家新闻与传播学院，现为湖南省委宣传部与湖南师范大学共建学院。学院现设新闻、编辑出版、广播电视、广告、网络与新媒体 5 个系，有新闻学、编辑出版学、播音与主持艺术、广播电视学、广告学、广播电视编导、网络与新媒体 7 个本科专业。2019 年新闻传播学科被批准增设博士后科研流动站。学院拥有新闻传播学一级学科硕士点，新闻与传播、出版、广播电视领域艺术硕士 3 个专业学位点。

（二）人员情况

学院现有在岗在编教职工 78 人，其中教授及其他正高级职称 21 人（二级教授 3 人、博士生导师 13 人），副教授及其他副高级职称 21 人，博士 47 人；拥有国家哲学社会科学专家咨询委员会委员 1 人、国家"万人计划"哲学社会科学领军人才首批入选者 1 人、中央文宣系统文化名家暨"四个一批"人才工程首批入选者 1 人、新闻出版系统"领军人才工程"首批入选者 1 人、中央"马克思主义理论研究和建设工程"首席专家 1 人、教育部新世纪优秀人才 1 人、国家新闻出版行业领军人才 2 人。

（三）研究机构

学院下设传播伦理与法制研究所、湖南省社会舆情监测与网络舆情研究中心、湖南省传媒发展研究基地、内参研究中心、县级融媒体建设研究中心、文化传播研究所、出版科学研究所。

（四）科研建设情况及成果

近 5 年来，学院共承担各类项目 100 多项，其中国家社科基金重大委托项目 1 项、国家社科基金项目 24 项、省部级重大重点项目 13 项；出版专著 60 余部，发表论文 600 余篇，被权威刊物收录 60 多篇次；获全国高等学校科学研究优秀成果奖（人文社会科学）二等奖 1 项、湖南省哲学社会科学优秀成果奖一等奖 3 项、二等奖 5 项、三等奖 6 项；获省级教学成果奖一等奖 2 项，二等奖、三等奖各 1 项。①

① 湖南师范大学新闻与传播学院.学院简介［EB/OL］.［2020-01-22］.https://xwxy.hunnu.edu.cn/xygk/xyjj.htm.

五 华中科技大学新闻与信息传播学院

（一）概况

华中科技大学新闻与信息传播学院前身为创立于 1983 年的华中工学院新闻系，1998 年，新闻与信息传播学院成立。学院目前拥有新闻学、广播电视新闻、广告学、传播学、播音与主持艺术 5 个本科专业，新闻学、传播学、广播电视与数字媒体、广告与媒介经济 4 个学术硕士学位点，新闻与传播、出版 2 个专业硕士学位点，新闻学、传播学、广播电视学、广告与公关 4 个二级学科博士点和新闻传播学一级学科博士后流动站。

（二）人员情况

学院现有专业教师 41 人，其中教授 14 人、副教授 17 人。

（三）研究机构

新闻与信息传播学院下设研究机构有国家战略传播研究院、中国故事创意传播研究院、媒介技术传播发展研究中心、网络传播研究中心、新闻评论研究中心、电子与网络出版研究所。

（四）科研建设情况

学院以新闻传播学为基础，建设了面向国家重大需求的文科智库、国家传播战略研究院，设立了湖北省重点文科基地"媒介技术与传播发展研究中心"，与国际中华传播学会、密歇根州立大学等建立"双一流"国际合作高端平台。[①]

六 暨南大学新闻与传播学院

（一）概况

1928 年，暨南大学在上海开设了新闻类课程。1946 年，新闻学系正式创立。1949 年，暨大新闻系并入复旦大学新闻学系。1958 年，国家在广州重建了暨南大学，中文系于 1960 年复办新闻学专业，杜导正参与了专业建设工作。1970 年，新闻学专业

---

① 华中科技大学新闻与信息传播学院 . 学院简介［EB/OL］.［2020-01-22］.http://sjic.hust.edu.cn/xygk/xyjj.htm.

随中文系一道并入华南师范大学。1978 年，复校后的暨南大学再次成立了新闻学系，1986 年开始招收硕士生。2001 年，新闻学系扩建为新闻与传播学院。

目前，学院下设新闻学系、广告学系、广播电视学系、网络与新媒体系、口语传播系和计算新闻传播研究中心。

（二）人员情况

学院现有专任教师 60 多人，其中有全国模范教师、国家特支计划青年拔尖人才、教育部青年长江学者、教育部新世纪优秀人才、教育部"马克思主义理论研究和建设工程"首席专家、全国新闻出版行业领军人才、广东特支计划宣传思想文化领军人才和青年文化英才、广东省青年珠江学者、广东省教学名师、全国广播电视十佳百优理论人才、广东省南粤优秀教师、广东省宣传思想文化领军人才、广东省青年文化英才、广东高校优秀青年教师培养对象、广东新闻终身荣誉奖获得者、广东省"金钟奖"获得者、中国新闻奖获得者等。

（三）研究机构

学院设有广州市人文社科重点研究基地——广州市舆情大数据研究中心、媒体实验中心。传播与国家治理研究院和文化遗产创意产业研究院挂靠在新闻与传播学院。

（四）科研建设情况及成果

"十二五"期间，学院教师主持国家社科基金重大招标项目等各类课题 80 多项，出版专著、教材 50 部，发表中文学术论文近 600 篇、SSCI 论文 8 篇，获教育部人文社科二、三等奖及广东省哲学社科成果奖 8 项、吴玉章奖 1 项。①

七　南京大学新闻传播学院

（一）概况

南京大学的新闻传播学科，发端于 1936 年南京大学前身——金陵大学的孙明经先生创立的"电影与播音专修科"。1952 年，金陵大学与南京大学参与国家院系调整，

---

① 暨南大学新闻与传播学院. 学院简介［EB/OL］.［2020-01-22］.https://xwxy.jnu.edu.cn/12843/list.htm.

两校文、理学院合并，改设新闻专修科。1986 年，南京大学恢复新闻专业教学建制，并于 1992 年 10 月正式建系。2003 年 12 月，南京大学成立新闻传播学院。

学院现有新闻传播学一级学科博士点和硕士点，下设广播电影电视、应用传播、新闻与新媒体 3 个系，以及网络传播、传播与社会、新闻与政治、媒介经济与管理、计算传播研究中心、新闻创新实验室、中德数字营销实验室等 8 个研究机构。

（二）人员情况

学院现有专任教师 50 人，其中全职正教授 22 人、副教授 16 人、博士后及专职科研岗 12 人，并聘有外籍特任研究员。[①]

（三）研究机构

新闻传播学院下设"传播与历史"研究小组、新闻学研究所、南京大学政府新闻学研究所、融合应用传播实验室。

八　南京师范大学新闻与传播学院

（一）概况

1964 年 6 月，教育部批复江苏省委宣传部，同意在南京师范学院增设新闻专业。1995 年 4 月，南京师范大学在新闻学专业和电教系基础上正式成立新闻与传播学院。学院下设新闻系、广播电视系、广告系、网络与新媒体系、影视摄影系 5 个系，面向省内外招收新闻学、广播电视学、广告学、网络与新媒体、广播电视编导等专业的本科生。学院拥有新闻传播学一级学科博士点 1 个，新闻传播学一级学科硕士点 1 个，新闻学、传播学、广播电视艺术学 3 个二级学科硕士点和新闻与传播硕士、广播电视（艺术硕士）2 个专业硕士学位点。

（二）人员情况

学院现有教职员工 65 人，其中专任教师 45 人，教授（研究员）14 人、副教授 20 人，博士生导师 8 人、硕士生导师 27 人。

---

① 南京大学新闻传播学院.学院简介［EB/OL］.［2020-01-22］.https://jc.nju.edu.cn/b1/62/c8603a176482/page.htm.

（三）研究机构

学院设有媒介与社会发展研究中心、舆情与社会治理研究中心、民国新闻研究所等校级重点机构，还有传媒与法治研究所、摄影文化产业与图像传播研究所、现代广告研究所、媒介发展与危机管理研究所、出版传播研究所、新媒体研究所等机构。

（四）科研建设情况及成果

"十二五"以来，学院获得江苏省优秀教学成果一等奖1项（新闻传播学类唯一）；获江苏省哲学社会科学优秀成果奖和教育部高等学校科学研究优秀成果奖（人文社会科学）7项，其中一等奖1项、二等奖3项；承担国家社科基金项目12项，其中重大项目1项、重点项目4项；承担江苏省社科基金重大项目1项。学院先后出版了"舆情与社会治理文丛""新闻传播史探索文丛""影视传播新时空文丛""当代传媒与社会""信息传播与社会发展文丛""新闻与传播学应用系列丛书""当代媒体新闻实践丛书""广播影视艺术系列丛书""影视传播艺术与技术丛书""广播影视艺术编导系列丛书""摄影艺术系列丛书"等多套丛书。[①]

九 清华大学新闻与传播学院

（一）概况

清华大学新闻与传播学院于2002年4月21日正式成立，其前身是1985年在中文系设立的编辑学方向和1998年10月成立的传播系。[②]

（二）研究机构

新闻与传播学院下设文化产业研究中心（国家文化产业研究中心）、马克思主义新闻学与新闻教育改革研究中心、国家形象传播研究中心、文化创意发展研究院、伊斯雷尔·爱泼斯坦对外传播研究中心、国际传播研究中心、影视传播研究中心、传媒经济与管理研究中心、清华—日经传媒研究所、新闻研究中心、公共关系与战略传播研究所、新媒体传播研究中心。

---

① 南京师范大学新闻与传播学院. 学院简介［EB/OL］.［2020-01-22］.http://xinchuan.njnu.edu.cn/xygk/xygk.htm.

② 清华大学新闻与传播学院. 学院简介［EB/OL］.［2020-01-22］.http://www.tsjc.tsinghua.edu.cn/publish/jc/232/index.html.

十　上海交通大学媒体与传播学院

（一）概况

上海交通大学媒体与设计学院成立于 2002 年 9 月，2017 年 12 月更名为媒体与传播学院。学院下设新闻与传播系、电影电视系、文化产业管理系，现有传播学、广播影视编导、文化产业管理 3 个本科专业（及方向）；新闻传播学一级学科博士点、新媒体传播与管理交叉一级学科博士点，新媒体一级学科硕士点，新闻传播和影视艺术（MFA）2 个专业硕士点。

（二）人员情况

学院现有专任教师 55 人。其中，教授 20 人、副教授 22 人。具有国家"万人计划"哲学社会科学领军人才、中宣部文化名家暨"四个一批"人才 1 名，国务院政府特殊津贴专家 3 名，长江学者讲座教授 2 人，教育部跨世纪/新世纪优秀人才 5 人，国家社科重大首席专家 11 人，国际核心期刊编委 3 人，上海交通大学特聘教授 4 人，"致远"讲席教授 2 人。

（三）研究机构

媒体与传播学院下设的省部级以上研究基地有：文化部两岸文化研究基地、国家互联网信息办公室互联网舆情基地——上海交大舆情研究实验室、全国哲学社会科学规划小组——国家社科基金决策咨询点、上海市人民政府决策咨询基地——谢耘耕工作室、上海市哲学社会科学创新基地——新媒体与社会研究中心、上海市哲学社会科学创新基地——上海市文化创意产业发展战略研究基地、国家文化产业创新与发展研究基地。

院校研究机构有出版传媒研究院、中英艺术设计教育科研中心、云河新媒体实验室、信息设计研究所、新媒体管理研究所、设计管理研究所、珠宝时尚产业研究中心、全球传播研究院、媒介与公共事务研究中心、美国电影研究中心、旅游与景观研究所、程及美术馆、"3C"中心。

（四）科研建设情况及成果

近年来，学院主持国家社科重大和重点项目、教育部重大攻关项目 20 项（其中重大项目 11 项、重点项目 9 项），出版论著 300 多部，发表论文 500 多篇，建立了国家领先的 500 平方米高清演播厅、摄影实验室等。①

十一　四川大学文学与新闻学院

（一）概况

国立四川大学 1931 年成立，设文学院、理学院、工学院、农学院等几大学院。20 世纪 50 年代院系调整，撤销文学院建制，分为中文、外文、历史等系。1994 年恢复文学院，包括中文、历史等系。1998 年又进行调整，将原四川大学文学院中文系与原四川大学新闻学院合并，组建成四川大学文学与新闻学院。2013 年，学院进入首批十所与地方宣传部门共建（"部校共建"）新闻学院序列，加挂四川大学新闻学院院牌。

（二）人员情况

学院现有在职教职工 157 人（截至 2019 年 4 月），其中教授 58 人（含博士生导师 53 人）、副教授 40 人。他们中有四川大学文科杰出教授（享受院士待遇）2 人，欧洲科学与艺术院院士 1 人、长江学者 8 人，其中长江学者特聘教授 4 人，青年长江学者 1 人，教育部社会科学委员会委员 1 人，国务院学科评议组成员 1 人，国家级教学名师 1 人，"万人计划"教学名师 1 人，全国模范教师 1 人，国家社会科学基金评委 1 人，教育部高等学校教学指导委员会副主任委员 2 人，国务院学位委员会全国专业学位教育指导委员会委员 3 人，教育部跨世纪优秀人才 1 人及教育部新世纪优秀人才 8 人，享受国务院政府特殊津贴专家 11 人，全国百篇优秀博士论文获得者 1 人，国家级学会正副会长 9 人。②

（三）研究机构

学院现设有中国语言文学学科的中国俗文化研究所（教育部高等学校人文社会科学重点研究基地）、比较文学研究基地（四川省哲学社会科学重点研究基地）、中国传统文化普及基地（四川省哲学社会科学普及基地）、中国多民族文化凝聚与国家认同协同创新中心（四川省"2011 计划"协同创新中心）、汉语言文学研究所、汉语史

---

① 上海交通大学媒体与传播学院.学院简介［EB/OL］.［2020-01-22］.http://smd.sjtu.edu.cn/academy.
② 四川大学文学与新闻学院.学院简介［EB/OL］.［2020-01-22］.http://lj.scu.edu.cn/xygk/xygk.htm.

研究所、巴蜀语言文学艺术研究中心、文学艺术研究中心，以及新闻传播学科的出版融合发展实验室（原国家新闻出版广电总局重点实验室）、社会舆情与信息传播研究中心（四川省哲学社会科学重点研究基地）、新闻传播研究所、广播电视研究所、创意产业研究所、新媒体研究所、符号学—传媒学研究所、西部广播电视研究中心、文化产业研究中心、文化传播研究中心等科研机构。

十二　武汉大学新闻与传播学院

（一）概况

1983 年，武汉大学筹建新闻系；1984 年，招收第一届本科生；1995 年，新闻系更名为新闻学院；1999 年，新闻学院和图书情报学院合并，成立了大众传播与知识信息管理学院；2000 年，新闻与传播学院组建。

学院现设新闻学、广播电视、广告学、网络传播 4 个系，新闻学、传播学、广播电视学、广告学、播音与主持艺术 5 个本科专业。学院拥有新闻传播学一级学科博士学位授予权，5 个二级学科博士学位授权点（新闻学、传播学、跨文化传播学、广告与媒介经济、数字传媒），5 个硕士学位授权点（新闻学、传播学、数字传媒、广播电视艺术理论、新闻与传播硕士专业学位），1 个新闻传播学博士后科研流动站，1 个省级一级学科重点学科（新闻传播学）。

（二）人员情况

学院现有专任教师 61 人（含国家文化发展研究院），教授 22 人（含博导 18 人）、副教授 20 人、讲师 9 人、聘期制讲师 2 人，特聘副研究员 5 人，博士后 3 人。有 1 名国家级教学名师，1 名入选国家第一批"万人计划"，1 名长江学者，1 名跨世纪人才，3 名教育部新世纪优秀人才，3 名享受国务院政府特殊津贴。

（三）科研建设情况及成果

学院已形成了理论研究与关注现实并服务国家新闻传播发展战略相结合的科研思路，开创了一系列有特色的研究领域："一带一路"战略构想与跨文化传播、传媒智能化背景下中国传媒和广告产业竞争力研究、新媒体环境下中国媒体新闻传播创新研究、互联网传播形态与中国传播能力建设、互联网传播形态与中西部社会治理。

拥有 1 个"十五""211 工程"重点建设项目（新闻传播与中国社会文化发展），1 个"十一五""211 工程"重点建设项目（社会转型与中国大众媒介改革），1 个国家"985 工程"哲学社会科学创新基地（新闻传播与媒介化社会创新基地），1 个 CSSCI 收录源刊（《新闻与传播评论》）。[①]

十三 中国传媒大学国家传播创新研究中心

（一）概况

中国传媒大学国家传播创新研究中心的前身是中国传媒大学广播电视研究中心，成立于 2000 年初，是教育部人文社会科学重点研究基地之一。2016 年 10 月正式更名为"国家传播创新研究中心"，是教育部人文社会科学重点研究基地之一。[②] 中心侧重广播电视领域，是集科学研究、人才培养、学术交流、情报资料和咨询服务于一体的综合性研究机构。

（二）组织架构

中心下设广播电视新闻研究所、广播电视语言研究所、广播电视艺术研究所、广播电视经营与管理研究所 4 个研究机构，并与美国宾夕法尼亚大学安南堡传播学院合作成立传播政策与法律研究所。中心还设有《媒介研究》编辑部、资料室、办公室等。

（三）科研建设情况及成果

中国传媒大学国家传播创新研究中心承担多项教育部人文社科基地重大课题以及国家级、省部级、国际国内合作项目，出版多部相关著作并发表大量论文，为多家电视台完成了相关咨询服务报告和专题研究项目。

中心出版的网络期刊《媒介研究》是一本立足于中国媒介领域的纯学术刊物，它以每期一个研究主题的方式组织内容，关注新的传播现象，倡导新的媒介思维。自 2003 年始，"中国广播电视研究信息系统"数据库开始全面建设。[③]

---

① 武汉大学新闻与传播学院. 学院简介［EB/OL］.2020-1-13［2020-01-22］.http://journal.whu.edu.cn/intro/brief.
② 教育部社会科学司. 关于部分高校人文社会科学重点研究基地更名的通知［EB/OL］.2016-10-18［2020-01-22］. http://www.moe.gov.cn/s78/A13/tongzhi/201610/t20161025_286152.html.
③ 百度百科. 中国传媒大学广播电视研究中心［EB/OL］.［2020-01-22］.https://baike.baidu.com/item/%E4%B8%AD%E5 %9B%BD%E4%BC%A0%E5%AA%92%E5%A4%A7%E5%AD%A6%E5%B9%BF%E6%92%AD%E7%94%B5%E8%A7%86%E7%A0%94%E7 %A9%B6%E4%B8%AD%E5%BF%83/1669705?fr=aladdin.

十四　中国传媒大学新闻传播学部 [①]

（一）概况

中国传媒大学新闻传播学部成立于 2013 年。新闻传播学部的历史可以追溯到 1959 年北京广播学院成立的新闻系，是中国传媒大学建校三大系（无线电系、外语系、新闻系）之一。

（二）组织架构

中国传媒大学新闻传播学部下设新闻学院、电视学院、传播研究院。

（三）下设学院简介

中国传媒大学新闻学院建立于 1959 年，是新中国最早开展新闻学人才培养的教研机构。依据教育部公布的第四轮全国学科评估结果，中国传媒大学的新闻传播学排名与中国人民大学并列第一。学院现有专任教师 47 名，其中教授 22 名、副教授 20 名，半数以上教师具有海外留学或访学经验。

中国传媒大学电视学院前身是 1959 年设立的电视摄影班，1980 年独立成为电视系，1997 年成为电视学院。2005 年 9 月，电视学院、新闻与传播学院两大学院合并成立电视与新闻学院，2013 年 7 月学部制改革后，电视学院加入新闻传播学部。电视学院作为国内历史最久、声誉最高的电视专业教育机构，始终引领着我国电视教育的发展。四十多年来，电视学院建立了科学完善的教育体系，积累了丰富的教学经验。

中国传媒大学传播研究院成立于 2010 年 4 月。遵循整合研究资源、优化人员结构的精神，学校整合传播学优势研究力量，组建了传播研究院。中国传媒大学传播研究院包括国际传播研究中心、欧洲传媒研究中心、国际新闻研究所、舆论研究所、受众研究中心、编辑出版研究中心、传媒教育研究中心、民族文化传播与发展中心、非洲传媒研究中心、传播政治经济学研究所 10 个中心（所）。传播研究院集研究生培养、学科建设与学术研究于一体，致力于培养具有宽广学术视野和卓越学术创造力的新闻传播人才，努力营造兼具学术国际化和知识自主性的研究场域。

[①]　资料整理自中国传媒大学官网。

十五　中国人民大学深圳研究院

中国人民大学深圳研究院成立于 2002 年 5 月，是中国人民大学在深圳市委、市政府支持下，在深圳建立的集产、学、研于一体的高层次、综合性教育、科研、服务机构，全权负责学校在华南地区的一切事务。

紧密结合深圳经济、社会、文化发展的需要，充分发挥中国人民大学在法律、金融、企业管理、公共管理等方面领先于全国的学科群体优势、先进研究手段和一流专家效应，为深圳市的科技、金融、经贸、物流、法律、新闻等部门提供优质咨询服务；设立博士后流动站；承担重大科研项目；在深圳市定期或不定期举办全国性或国际性高水平学术讲座，提高深圳市的学术地位，推动人文社会科学的发展。[①]

十六　中国人民大学新闻学院

（一）概况

中国人民大学新闻学院始建于 1955 年。1958 年，北京大学新闻专业整体并入人大新闻系（此前，创办于 1924 年的燕京大学新闻系整体并入北大新闻专业）。1988 年，人大新闻系更名为新闻学院。

中国人民大学新闻学院设有新闻系、传播系、视听传播系、广告与传媒经济系 4 个系，建立了涵盖本科、硕士、博士等的全方位人才培养体系。学院首批获得新闻传播学一级学科学位授予权，拥有新闻学、传播学两个国家重点学科和国家级实验教学示范中心，是教育部人文社会科学重点研究基地"中国人民大学新闻与社会发展研究中心"依托机构。

（二）人员情况

学院现有教职员工 75 人，其中教授 25 人、副教授 23 人。目前，学院有 21 人次进入国家级人才序列，享受国务院政府特殊津贴专家 11 人。

（三）研究机构

新闻学院下设研究机构：中国人民大学国家传播战略研究中心、新闻传播研究所、媒介经济研究所、舆论研究所。

---

① 中国人民大学深圳研究院. 研究简介［EB/OL］.［2020-01-22］.http://sz.ruc.edu.cn/yygk/yyjj/index.htm.

（四）科研建设情况及成果

学院设有新闻传播实验中心和文献中心。2008 年，新闻传播实验中心被评为"国家级实验教学示范中心"。学院编辑出版全国中文核心期刊《国际新闻界》，影响力指标居国内同行前列。①

十七 中国人民大学新闻与社会发展研究中心②

（一）概况

中国人民大学新闻与社会发展研究中心成立于 1986 年 10 月，重新组建于 1999 年 11 月，2000 年 9 月被批准为"教育部人文社会科学重点研究基地"。现任主任为蔡雯教授，执行主任为王润泽教授，副主任为许向东教授和李彪教授。

（二）组织架构

新闻与社会发展研究中心下设 11 个研究所，分别为新闻与传播研究所、舆论研究所、传播媒介管理研究所、公共传播研究所、新媒体研究所、新闻伦理与传媒法律研究所、现代广告研究所、网络舆情研究所、未来传播研究所、媒体技术研究所和媒介心理研究所。主要研究领域有新闻学、传播学、广播电视学及媒介经济学等。现有专职研究人员 20 人。主要学术带头人有方汉奇、陈力丹、蔡雯、杨保军、胡百精、周勇、王润泽、邓绍根、刘海龙和匡文波等教授。

第四类 媒体智库（按机构名称拼音排序）

一 21 世纪经济研究院

（一）概况

2015 年 11 月 28 日，在 21 世纪亚洲金融论坛上，21 世纪智库——21 世纪经济研究院正式成立。作为国内领先的专业财经媒体，南方报业传媒集团旗下的《21 世纪经

---

① 中国人民大学新闻学院. 学院简介 [EB/OL]. [2020-01-22]. http://jcr.ruc.edu.cn/gaikuang/jianjie/.

② 中国人民大学新闻与社会发展研究中心. 关于中心 [EB/OL]. [2020-01-22]. http://xwjd.ruc.edu.cn/gyzx/jdjj/index.htm.

济报道》拥有十余年专业财经媒体的累积，具备打造专业化高端智库的天然基因：一方面，媒体本身的属性决定了其具备无可比拟的传播优势；另一方面，积累了大量高端资源，集合经济学家、行业公司领袖、政府官员等多方资源。

21 世纪经济研究院以推动中国改革开放、经济转型为己任，在中国参与全球经济治理、全球国际经济金融规则和标准的制定中发挥重要作用。

（二）组织架构

21 世纪经济研究院作为统筹协调主体，下设 21 世纪宏观研究院、21 世纪金融研究院、21 世纪资本研究院和 21 世纪产经研究院 4 大部门。

（三）主要开展业务

作为独立、专业、开放的新型智库，21 世纪经济研究院以最敏锐的新闻视角，通过一线调研、大数据分析等方式，提供一流的研究产品、调研报告以及高层次的研讨活动。

21 世纪经济研究院通过大数据分析宏观趋势，定期发布经济发展指数、区域发展指数、科技创新指数、环境发展指数、金融指数、资本市场指数等；定期发布相关研究报告，如金融、保险、信托、资本市场生态，跟踪产业趋势变化，关注"一带一路"沿线国家投融资及产业布局等，并提出政策建议。

21 世纪经济研究院还联合京东集团下属的京东研究院，共同发起成立 21·京东BD 研究院，定位于电商消费市场大数据研究，以京东大数据为基础，综合考量宏观行业数据，分析不同地域、行业和人群的消费市场情况，定时发布与社会时事热点相结合、反映消费市场趋势、具有市场影响力的一系列消费报告及指数报告，使基于数据的各项研究成果，能够推动商业社会的变革，为相关部门制定政策提供依据。此外，21 世纪经济研究院还联合美团点评研究院发布《中国全域旅游消费趋势报告2017》。

目前，21 世纪经济研究院已经形成了大数据分析、指数报告、电商及在线旅游等行业分析产品。①

---

① 21 世纪经济研究院入选 2017 年"中国核心智库"［EB/OL］.［2020-01-22］.http://app.myzaker.com/news/article.php?pk=5a2e3fa41bc8e0671400000e.

二　长江教育研究院

（一）概况

长江教育研究院是在湖北省教育厅的支持下，由华中师范大学和长江出版传媒集团联合发起，于 2006 年 12 月成立的教育研究机构。长江教育研究院挂靠长江出版传媒集团，日常管理工作由设在集团教材中心研发部的秘书处承担，湖北省教育科学研究所和华中师范大学社科处协助管理。研究院聚集一批国内外教育专家，搭建了一个以文化出版企业为依托、联系相关教育专家和教育管理部门的平台，形成了以学术研究为基础、政策研究为重点、出版企业为依托、政府支持和社会参与为支撑，学、研、产、政、社优势互补、协同推进的新型体制机制。研究院发布了"长江教育研究院年度教育政策建议书"，出版了年度教育研究报告——《中国教育黄皮书》，并从 2015 年起，发布年度教育指数——《中国教育指数》及年度《中国教育十大关键词》。

（二）组织架构

长江教育研究院下辖管理部门和学术委员会。管理部门由教育行政部门、大学和教育研究机构、企业三方相关领导组成。学术委员会是长江教育研究院的核心机构，由国内外知名教育专家和学者组成。学术委员会由顾问、主任、学术委员、专家成员构成。顾问由国内外知名的教育专家担任。主任由学术影响大、社会知名度高的专家担任。学术委员由国家级专家和省级教育学会研究人员组成。专家成员由不同学科国内或省内知名的专家组成。学术委员会分设教育政策、基础教育、高等教育、职业教育、教师教育、民办教育、教育信息技术、教育评估等研究组。各研究组分别指定 1至 2 名召集人负责组织该研究小组会议、该领域课题初审，并参加学术委员会扩大会议。各研究组分别聘请教育领域专家和一线优秀教学研究人员担任学科组专家成员，负责相关教育领域研究与产品开发工作。

（三）主要开展业务①

1. 学术研究：通过高水平的学术研究，为中部地区特别是湖北教育的发展提供坚

---

① 百度百科 . 长江教育研究院［EB/OL］.［2020-01-25］.https://baike.baidu.com/item/%E9%95%BF%E6%B1%9F%E6%95%99%E8%82%B2%E7%A0%94%E7%A9%B6%E9%99%A2/4602111.

实的理论政策支撑。

2. 人才培养：通过开展相关教育课题研究和教育培训活动，为中部地区特别是湖北教育的发展提供人才支撑。

3. 产品开发：通过精心策划和组织，在高水平的研究成果基础上研发出高质量的教育产品。

4. 教育评估：定期对各级各类教育发展情况进行评估分析，推进教育工作的协调发展。

5. 举办大型"长江教育论坛"，邀请国内外知名教育专家参加，建立教育智囊团和思想库。

6. 编辑并出版发行《长江教育论丛》《教育家》《中国中部教育发展评估年度报告》等书刊。

三 创新中国智库

（一）概况

创新中国智库是由中国科学报社发起，联合中国科技发展战略研究院、农业部农村经济研究中心、中国社会科学院工业经济研究所、"千人计划"专家联谊会、北京大学经济学院、首都经济贸易大学以及国际欧亚科学院中国科学中心等多家国际国内科研、教育和社团机构共同主办的公益性智库组织。创新中国智库的目标是促进国内优秀的自然科学与人文社会科学人才形成思想库，在服务国家创新驱动发展的实践中产生更大价值；将克服我国目前智库组织学科单一的局限性，满足服务对象多元化、全方位的需求。智库主要服务对象是各级政府及其管理部门、科技园区、高等院校、科技企业、行业组织等。

（二）人员情况

智库以两院院士为核心资源，联合自然科学、工程科技以及人文社科领域权威专家组成综合性咨询服务机构。核心专家包括院士、权威专家160余人，涵盖多学科、多领域，拥有由中国科学院以及各主办单位数千名权威专家组成的实践级专家团队。

（三）主要开展业务

1. 创新中国智库的主要业务范围包括：各类咨询；协同创新平台构建；定制高端

论坛、会议、专题讲座、课题调研、培训、全媒体宣传等综合性服务。

2.创新中国智库目前主要学术产品有:(1)《创新中国智库研究报告》:对每次智库活动进行总结,集结而成。(2)《创新中国智库舆情报告》:对于智库活动中发现的阻碍创新型国家建设、涉及重大国计民生问题等不宜公开发表的内容形成报告,以内参等渠道报送上级部门和各级领导。(3)《创新中国智库系列丛书》:对智库组织的各类咨询服务活动,分类以系列丛书形式进行结集出版、公开发行。

四 第一财经研究院

(一)概况

第一财经研究院是第一财经旗下的非营利独立智库研究机构,其宗旨为"致力改善经济政策"。智库以全球化的国际视野,基于事实和数据的独立研究和分析,提供创新的可实施政策方案和建议,以提高中国经济政策的质量和透明度,并推动有效而公平的全球经济金融治理。

(二)主要开展业务

第一财经研究院出品年度旗舰报告、课题研究、宏观分析、行业与市场报告,以及指数和排名等系列产品。研究院为第一财经跨媒体平台提供权威的政策研判和市场数据;向市场提供其自主研发的财经资讯产品,包括财经信息加工、行业研究与数据库、咨询服务、各类指数与榜单四类核心业务。研究院是第一财经未来发展的孵化器。

第一财经研究院推出了以向企业高层管理者提供决策支持为主要功能,由"内参版""金融版""证券版""行业版"四大模块组合而成的"第一财经高层决策参考系统";在数据库业务方面,开发了中国内地首个《商业银行理财产品数据库》,首个《阳光私募基金数据库》,以及《上市商业银行竞争力数据库》等;在第一财经"CSR 企业社会责任榜"和"金融价值榜"等大型评选活动中承担了独立评审机构的工作。[1]

---

① 第一财经研究院介绍[EB/OL].[2020-01-25].http://www.caian.net/cjyw/zhxw/28717.html.

五　东方智库

（一）概况

2018 年 12 月 12 日，东方网东方智库正式揭牌启动，来自新华社、中央党校、上海国际问题研究院、中国社会科学院、复旦大学、第一财经等机构的一批专家成为智库首批研究员。东方网与上海国际问题研究院和上海市对外文化交流协会签订了战略合作协议。[①]

东方智库立足上海，以全球化的国际视野和融媒体的传播渠道，旨在构建具有兼容性、公信力、多元化的国际议题朋友圈，建设成为匹配上海城市定位的国际议题领域媒体型国家高端智库。

东方智库汇聚了国内外国际问题领域的意见领袖、政商精英和学界翘楚，聚焦国际政治外交、国际经济贸易、国际文化科创及"一带一路"主题等热点，建成兼具社会型决策参考、融合型观点传播、产学研社群联动的复合式平台，以提升国际议题阐释传播的质量和透明度，并推动多元而畅通的全球观点碰撞和观念交流。

（二）人员情况

东方智库云集了来自中共中央党校、复旦大学、上海社会科学院、上海国际问题研究院等学术机构及政商各界数十位专家学者和意见领袖。同时，东方智库通过与上海国际问题研究院、上海市对外文化交流协会等缔结战略联盟，形成常态化的多元智库联动机制。

（三）主要开展业务

成立伊始，东方智库发挥媒体型智库"发声器"和"会客厅"优势，推出国际热点深度原创的综述报道栏目《东方观察》、图文视频综合解读国际时事的短视频栏目《周说天下》、多视角评述国际形势的访谈节目《智库说》、国际议题的跨界精英分享沙龙，以及一批专委会专家的观点专栏，构建起国际议题的媒体智库"海派新高地"。[②]

---

① 上海东方网东方智库正式揭牌启动［EB/OL］.［2020-01-25］.http://www.sohu.com/a/281300285_198737.

② 媒体型智库"东方智库"今成立，国际议题发出海派声音［EB/OL］.［2020-01-25］.http://sh.eastday.com/m/20181212/u1ai12067775.html.

六　封面智库

（一）概况

封面智库是封面传媒旗下的思想库，以封面新闻客户端为支撑，重点服务于"一带一路""长江经济带"等国家政策研究，是"一带一路"智库联盟唯一官方合作媒体智库。同时，与互联网相结合，开展人工智能、互联网新经济、传统企业转型升级方向的研究。

（二）主要开展业务

封面智库先后发布了中国首份互联网＋"一带一路"发展报告——《中国互联网＋"数字丝绸之路"报告》；组织召开"'一带一路'企业的机遇与挑战专家研讨会"，举办近 10 场"思享＋"圆桌论坛，探讨关于"一带一路"与互联网经济、共享经济业态等；开设微信公众号，发布"一带一路"专访文章与转载文章。

在积极围绕"一带一路"主题开展科研活动的同时，封面智库以"一带一路"倡议的合作共赢、凝聚共识精神作为行动指引，在"长江经济带"、分享经济、互联网金融和房地产等学术研究领域坚持创新、勇于开拓，开展了一系列学术活动，包括"长江经济带"各省份经济版图变迁专家研讨会、"移动出行安全与发展新思维"专家研讨会、"房地产税草案框架研讨会"专家研讨会、"互联网金融普惠与安全"专家研讨会、"成都网约车发展与创新监管"专家研讨会；编写发布《2016 中国移动出行安全报告》《2016 中国个人信息安全与隐私保护报告》等，反响显著。

封面智库坚持以"一带一路"和"长江经济带"战略发展为主题，瞄准人工智能和互联网经济等，依托封面新闻的舆论影响力和大数据资产积累，致力于通过封面传媒系列论坛打造高端品牌和政商影响力，发布"一带一路"投资指数报告等综合性年度报告，持续打造系列研究报告、封面系列论坛、"封面思享＋"沙龙、"智库专访"、封面大讲堂等品牌产品。

七　凤凰网国际智库

（一）概况

凤凰网国际智库是凤凰传媒集团集中优势资源打造的高端国际化研究机构。

（二）人员情况

凤凰网国际智库拥有上千位国际问题及国际经济的学者智囊、100多位海外观察员，遍布世界大部分国家与地区，并与上百个国内外高端智库有良好的合作关系。

（三）主要开展业务

凤凰网国际智库主要业务有国际关系、国际局势的研判，企业国际化服务。国际问题方面拥有《先行军》《战略家》《与世界对话》3个文字栏目及《大国小鲜》视频栏目；企业国际化方面：拥有《凤凰全球日报》《凤凰全球内参》《凤凰指数》3款资讯类产品，以及月度沙龙《凤凰策》。

凤凰网国际智库在"一带一路"上有众多研究，并主办《凤凰"一带一路"企业高峰论坛》以及《与世界对话——凤凰网国际论坛》两大公司级论坛。

八　光明日报文化产业研究中心

光明日报文化产业研究中心成立于2013年3月21日，是我国第一家基于中央媒体的文化产业研究机构。光明日报从2010年开始设立专版报道文化体制改革和文化产业、文化消费，评选中国文化企业30强，推选中国文化产业年度人物，见证并参与了文化产业发展的主要历程，在文化领域具有特色优势、资源优势。未来，研究中心将走产学研相结合的发展道路，与大专院校、科研机构及文化企业积极合作，整合多种资源，形成开放、联动的研究机制。①

---

① 张玉玲、杨君. 光明日报文化产业研究中心成立 [N]. 光明日报,2013-03-22（1）.

九　光明日报智库研究与发布中心

（一）概况①

光明日报智库研究与发布中心由光明日报编委会领导，主要工作为研究报道中外智库建设情况、发布各类智库成果、开展相关社会活动。中心通过光明日报理论部《智库》周刊、光明日报内参、光明网、"两微一端"等渠道发布国内智库重要研究成果，组织论坛、研讨、智库交流等相关学术活动，致力于搭建智库成果与声音的发布平台、智库发展与建设的研究平台、智库风采与成长的展示平台、智库联系与服务公众的沟通平台。中心建有学术委员会，并与全国各类智库保持密切联系和良好互动，开展多样合作。

（二）主要开展业务

光明日报智库研究与发布中心开展的主要业务内容如下。

1. 在智库报道、成果发布方面：以定期出刊的光明日报《智库》（周刊）为主要平台，刊发众多智库专家的研究文章及访谈，并对国内智库举办的重要活动进行充分报道。

2. 在展示智库建设风采、讲述智库成长故事方面：深入挖掘中国特色新型智库建设的典型案例，总结智库建设成功经验，采写并推出《智为国所用　策为民而谋——中国国际经济交流中心书写中国智库动人故事》《从"社科殿堂"到"国家智囊"——中国社会科学院秉承优良传统打造国家级综合性高端智库》《为国家决策提供最靠谱的经济预测——中国科学院预测科学研究中心秉承智库传统服务国家建设》，宣传推介了这些智库资政启民的突出事迹。

3. 在智库建设研究方面：组织编写了《2015中国智库年度发展报告》；与南京大学合作开发"中国智库索引"，致力于研制具有独立知识产权的智库数据库，解决全面描述、全面收集智库数据问题，实现数据整理、检索、分析、应用等功能；合作编写《中国智库管理指南》，并于每年年终召开一次"中国智库治理论坛"，邀请智库管理部门、智库、智库研究机构等方面专家学者参加，有针对性地讨论中国特色新型智库宏观治理与内部管理问题。

---

① 光明日报智库研究与发布中心简介［EB/OL］.［2020-01-25］.http://topics.gmw.cn/2016-09/28/content_22197979.htm.

十　经济日报社中国经济趋势研究院

（一）概况

经济日报社中国经济趋势研究院于 2015 年 9 月成立，是经济日报履行中央党报职责、落实中央关于加强中国特色新型智库建设意见精神而组建的媒体智库。

中国经济趋势研究院旨在积极有效地整合各种社会智力资源，加强经济理论基础研究和经济趋势应用研究，打造经济研究和传播"数字化"平台，为促进国家治理体系和治理能力现代化、增强国家传播软实力服务。

（二）研究方向

中国经济趋势研究院致力于对中国经济趋势的研究和经济预期的分析，融合传统数据直采与互联网大数据技术，打造多元化指数产品。同时，充分利用经济日报媒体平台和渠道优势，整合政府机构、科研院所以及专家学者的资源，为地方政府、行业组织、领军企业以及社会团体提供定制化信息产品和服务。[1]

十一　每经智库

（一）概况

每经智库是每日经济新闻报社为推动中国经济可持续发展，而与全国众多经济学家、财经学者共同打造的智库意见平台。借助每日经济新闻报社在全国经济界的媒体影响力，每经智库主要联合全国主要区域发展专家、经济学家、政策研究专家、品牌策划专家、机构分析师、知名财经记者，建设中国经济首席策略平台，为企业投资、地区发展、经济政策研究提供思想参考。

（二）组织架构

经过多年的探索，每经智库已形成了由高质量发展研究院、美好商业研究中心、中国智慧物流研究院、中国轨道交通大数据研究基地、天府智库、环球数娱经济研究院、汽车研究院等多个分支机构组成的智库阵列。

---

[1]　中经趋势研究院［EB/OL］.2016-03-14［2020-01-25］.https://finance.huanqiu.com/article/9CaKrnJUvmp.

（三）主要开展业务

目前，每经智库已与北京大学国家发展研究院、中国人民大学重阳金融研究院、清华大学中国企业研究中心、华夏新供给经济学研究院、太和智库、发改委中国城市与城镇发展研究中心、全球城市竞争力项目、米尔肯学会、美国事件管理学会（AEMI）等国内外众多知名智库建立起深度合作关系，共享专家资源，并聘请了多名具有国际影响力的国外学者作为智库专家。

近年来，每经智库还积极践行国家人才战略，与上海交通大学、厦门大学、重庆大学、华东师范大学、湖南大学、中央财经大学、上海财经大学、暨南大学、西南交通大学、西南财经大学等全国10多所"985工程""211工程"高校签约共建"中国财经传媒高校联盟"，打造财经传媒智库，构建创新型"人才基地"，助力中国高质量发展。同时，每经智库还与法国里昂商学院、新加坡国立大学、南洋理工大学、香港中文大学、香港城市大学、英国伯明翰大学等众多国际著名高校建立起紧密合作关系，以促进国内外进行广泛的交流合作。

每经智库是每日经济新闻报社未来发展的四大战略之一，对内承担着探索"媒体＋智库"新型可持续发展之路的职责，是每日经济新闻报社社会效益和经济效益新的增长极；对外担负着为各级政府、企业、社会建言献策的责任，以期通过更多元的方式，助力中国高质量发展，促进国内外进行广泛的交流合作。

自成立以来，每经智库依托每日经济新闻报社一流的资源整合和产品生产能力，与国内外著名智库、高校、政府和企业等机构进行了广泛深入的合作，发挥了决策参考、治理咨询、舆论引导、社会服务、公共外交等众多功能，打造出了榜单、报告、白皮书、指数等一批具有影响力的智库产品和论坛活动，探索出了一条符合每日经济新闻报社特色的可持续发展之路。

（四）研究成果

每经智库经过多年探索创新，已经形成了高质量发展指数、城市营商环境报告、《中国城市轨道交通潜力发展报告》"中国上市公司品牌价值榜""中国上市公司品牌价值与创新论坛""全国城市双创指数""美好生活中国消费者品牌榜""年度投资特刊"《传媒行业区块链应用发展研究报告》《强影之路——中国电影产业供给侧改革白皮书》《中国智慧物流末端配送趋势报告》《"智生活"消费白皮书》《粤港澳大湾区电商物流发展洞察报告》《成都龙潭新经济产业生态圈研究》《成都高新区聚力开放打造产业生态圈实施方案》等一系列涵盖宏观经济、区域经济、产业经济、资本市场、消费市场等领域的智库产品和论坛活动，逐渐形成了品牌，在社会上产生了广泛的影响。

十二　南方民间智库

南方民间智库于 2012 年正式成立，全称"广东南方民间智库咨询服务中心"，是在南方报业传媒集团领导和指导下，由南方都市报与奥一网联合多位民间思想者发起的民间组织。南方民间智库定位为南方民间思想库、公共决策智囊团、网络舆情分析师，依托南方报业传媒集团信息、资源优势，为广东各级党委政府、社会各界在网络问政、社会管理创新、经济文化发展等方面提供决策、咨询服务。南方民间智库相继受广东省委省政府及有关政府部门委托，主办、承办了一系列活动，提供具有自己特色的服务。

十三　南风窗传媒智库

（一）概况

南风窗传媒智库成立于 2015 年 9 月，是定位于现代化治理研究的新型传媒智库，致力于建设中国最有影响力的传媒智库。

（二）人员情况

智库研究团队成员来自北京大学、清华大学、伦敦政治经济学院、香港中文大学、中国人民大学等知名院校，拥有良好的学术背景和出色的研究能力。

（三）主要开展业务

1. 政府决策参考：围绕政府的中心工作，深入研究政府的发展蓝图和公共政策，撰写内参报告，为政府提供未来发展的思路、建议和参考。

2. 舆情分析报告：研究热点事件和公共事件的舆情分析走势，为相关部门的舆情应对和危机应对提供数据参考。

3. 南风窗指数排行：利用数据分析，打造类似白皮书性质的南风窗指数产品。

4. 定制出版：承接企业内刊、政府及研究机构大型活动宣传或纪念刊物、视频制作等项目。

十四　人民日报区域协同发展智库

（一）概况

为进一步集聚人才资源，发挥"外脑"作用，为京津冀协同发展提供良好社会环境和智力支持，人民日报社联合权威专家学者、主流媒体、行业研究机构、高等院校等，成立人民日报区域协同发展智库。2018年7月26日，京津冀协同发展论坛在北京隆重举行，人民日报区域协同发展智库宣告正式成立。这是人民日报社立足自身优势，聚合政界、学界、业界高端资源打造的全国性区域发展研究的智力支持平台。智库的成立，旨在更好地发挥研究和咨询作用，为区域协同发展提供"人才库""思想库""成果库"。智库成立后定期举办研讨会、沙龙、讲座等活动，探讨区域经济一体化、新型城镇化建设、乡村振兴战略等课题，提供多维度视角和可行性建议。①

（二）人员情况

智库汇聚国内外研究区域经济、生态文明、特色小镇、新型城镇化等领域的专家学者。首批专家来自国家发展和改革委员会、中央党校（国家行政学院）、中国社会科学院、中国人民大学等单位，许多专家承担过党和国家改革发展的重要文件、规划、方案的研究起草工作。

（三）任务目标

打造人才汇聚、智慧共享蓄水池。智库将充分发挥站位高、人才多、资源广的整合优势，聚焦重大问题，围绕关键节点，开展政策性、前瞻性、趋势性研究，破除发展障碍，推动协同发力，实现思想碰撞、智慧共享、创新合作。

架起政企合作、多方共赢连心桥。智库将建立常态化运行机制，多措并举开展

---

① 刘文波、周小苑、宋宇. 汇聚智库资源服务协同发展［N］. 人民日报，2018-07-28（9）.

政策宣传解读，形式多样组织跨界研讨交流，促进政企对话、政策衔接、资源嫁接、项目合作，为京津冀协同发展把脉问诊、出谋划策，提供专业化、定向化、个性化服务。

当好凝聚共识、展示成就扩音器。智库将充分依托人民日报媒体方阵，融合传播资源，组织专题采访、深度调研，及时报道协作进展，充分展示发展变化，生动呈现合作成果。同时，发挥全媒体传播优势，"报网端微"一起发力，国际国内齐头并进，打造现象级传播，推出标杆性产品，为京津冀协同发展营造良好舆论氛围。[①]

十五　人民网新媒体智库

人民网新媒体智库成立于 2015 年 12 月，是依托人民网和人民在线重点打造的高端互联网智库，主要从事互联网大数据与国家治理重大课题调研、舆论环境风险评估、突发公共事件应急管理、政务舆情回应绩效评估、政务新媒体指数、企业品牌影响力指数、媒体融合与新媒体传播等领域研究。人民网新媒体智库定期推出智库报告、内参读物，发布蓝皮书和学术著作，举办高端智库论坛。[②]

十六　人民网研究院

（一）概况

人民网研究院于 2011 年 4 月在北京成立。人民网研究院作为人民网的智库，紧紧围绕国家大局和人民网发展建设的实际，从新媒体传播、新技术应用、新媒体经济等方向，提供战略性、前瞻性、可操作性的研究论证和智力支持，从而加强人民网对数字化传播规律、社会舆论形成规律、媒体经济发展规律的把握，提高在复杂环境下的网上舆论引导能力，在激烈市场竞争中的可持续发展能力。

（二）主要开展业务

人民网研究院主要开展以下方向业务研究：（1）公司战略发展研究：主要是对人

---

① 人民日报.人民日报区域协同发展智库成立宣言［N］.人民日报，2018-7-27（12）.
② 人民网舆情频道.互联网智库暨业界新春茶聚在京召开［EB/OL］.2016-02-01［2019-07-18］.http://yuqing.people.com.cn/GB/n1/2016/0201/c210107-28102376.html.

民网发展进行对策性、前瞻性、战略性的研究，同时借助专家、学者的智慧，依靠社会上的优质资源和研究成果，为人民网的当前和长远发展出谋划策。（2）人民网研究院官方网站业务维护：人民网研究院官方网站于 2012 年 6 月正式上线，网站旨在成为研究院研究成果的共享与传播平台，成为与学界、业界及新媒体领域的机构和个人的合作、交流平台。（3）在国际传播、网络舆情、移动互联网、社交媒体、传媒经济、网络技术、用户体验等方面跟进研究。（4）课题研究：2011 年度国家社科基金重大项目《突发公共事件舆情应对与效果评估信息平台建设研究》、原新闻出版署项目《中外报业数字化转型比较研究》。（5）出版书籍：《中国移动互联网发展报告》系列蓝皮书、《指尖上的生活——智能手机应用 100 例》科普读物、《高校学子眼中的人民网》系列丛书。（6）举办活动：人民网传媒沙龙、移动互联网发展论坛、互联网十大动向评选。①

十七　社会科学文献出版社皮书研究院

社会科学文献出版社皮书研究院是社会科学文献出版社的科研机构，既是出版社皮书品牌的管理机构，也是服务于中国智库建设与学术出版的独具特色的社会智库。皮书研究院实行理事会制度，理事会分为机构成员和个人成员，由皮书研创单位以及皮书作者、行业专家组成。②

皮书研究院下属的皮书评估研究中心是以皮书的整体评价和皮书出版形态研究两方面为职能的学术科研中心，主要工作包括以皮书经济效益、内容质量、媒体效果评估为主的皮书评价，以及对皮书的出版形态、编校体系、出版营销等内容进行的皮书研究。皮书评估研究中心自成立以来，负责中国皮书网的日常更新维护，严格把关皮书的准入原则，筹办全国皮书工作研讨会，并进行皮书评奖等工作。

中心编辑发布《皮书电子期刊》，每月一期，内容包括每月皮书动态、媒体聚焦、经典皮书等，与各皮书课题组交流皮书的最新信息；建立皮书评价的评估指标，为

---

① 百度百科 . 人民网研究院介绍［EB/OL］.［2020-01-25］.https://baike.baidu.com/item/%E4%BA%BA%E6%B0%91%E7%BD%91%E7%A0%94%E7%A9%B6%E9%99%A2/2120559?fr=aladdin.

② 社会科学文献出版社 . 皮书研究院理事会成立 .［EB/OL］.2019-08-10［2019-09-27］https://www.ssap.com.cn/c/2019-08-10/1079928.shtml.

皮书评价工作提供系统、准确的支持。中心定期主办或与其他机构合办学术报告会、专题研讨会、专家对话等活动，以加强皮书学术交流或对皮书领域的重大问题进行研讨。①

十八　新华网网络舆情监测分析中心 ②

（一）概况

新华网网络舆情监测分析中心是国内最早从事网络舆情监测分析服务的机构之一，2003 年以来一直在为中央有关部门专供舆情报告。

（二）人员情况

目前，中心已建立起一支 100 多人的舆情分析队伍，拥有业内领先的舆情监测统计技术，积累了丰富的舆情分析研判经验。

（三）主要开展业务

为落实中央领导密切关注网上舆情、提升舆论引导能力的重要指示，新华网推出了"舆情在线"网络舆情监测与分析系列产品和服务，包括全国乃至全球网络舆情、电视舆情监测研判服务，危机公关和舆论引导服务等。旨在依托新华网权威媒体平台、先进技术手段和阵容庞大的专家队伍，以网络舆情研判为基础，提供智库类综合信息服务，帮助各级党政机关和企事业单位领导干部探索利用互联网倾听民意呼声，改进工作方式。其产品与服务如下。

1. 网络舆情 PC 客户端服务平台：用户可通过新华网"舆情在线"PC 客户端服务平台日常监测上万家网站的新闻、博客、论坛及微博等信息。该平台智能化、人性化的设计为用户提供信息检索、专题设置、趋势浏览、数据分析、简报生成等各项功能，用户无须培训就可以进行操作。

2. 网络舆情手机客户端服务平台：新华网"舆情在线"网络舆情手机客户端服务平台是国内第一款真正的个性化手机舆情服务系统，实现了舆情监测 PC 用户端和手机浏览端的无缝链接，弥补了传统舆情监测在内容、空间和时间上的舆情死

---

① 社会科学文献出版社．皮书研究中心部门简介．［EB/OL］．2010-03-26［2019-09-27］https://www.ssap.com.cn/c/2010-03-26/999545.shtml.

② 注：由于从各种渠道均未找到关于新华社舆情研究中心的介绍，此处以新华网网络舆情监测分析中心简介代替。

角，真正做到：用户自主设置监测关键字、发送时间、发送手机号；手机浏览提供舆情信息目录和完整的信息内容，确保信息的真实、准确和完整；系统提供 7×24 小时全网监测预警（新闻、论坛、博客、微博），确保发现负面信息第一时间通知用户。

3. 电视舆情服务：新华网"舆情在线"电视舆情服务系统拥有全国最大的云计算电视内容数字加工中心，全面覆盖中央级、省市级、卫视电视频道，目前已经完成了百余家电视台和上千个电视栏目的资讯内容处理，并且完成了欧美、亚太等世界主要地区的具有代表性的电视台资讯处理，实现最大限度的全球电视资讯覆盖。实时资讯最快十分钟左右就可以上线发布，用户除了可以以直播模式、点播模式、搜索模式获取资讯外，还可以通过个性词汇定制，获取相应的资讯推送。用户可以采用多种终端设备获取资讯，包括 PC 平台、平板电脑、手机等，分别满足办公和移动状态下的信息获取要求，保证重要信息不会被疏忽遗漏。

4. 网络舆情专供报告：依托技术领先、覆盖最广、功能强大的网络舆情监测系统和电视舆情监测系统，结合多年积累的丰富舆情专业经验和行业积累，新华网"舆情在线"提供多种形式的网络舆情研究报告，包括《网络要情日报》《网络舆情周报》《网络舆情月报》《网络舆情专报》等。①

十九　紫金传媒智库

（一）概况

紫金传媒智库成立于 2015 年，是由南京大学所属的社会学院、新闻传播学院、信息管理学院、政府管理学院、法学院等社会科学院系与江苏广播电视总台（集团）、新华报业传媒集团、凤凰出版集团、江苏有线电视集团江苏省内四大媒体集团共同成立。

（二）组织架构

紫金传媒智库下设 5 个研究中心：舆论与社会心态研究中心、互联网与传媒发展

---

① 百度百科. 新华网网络舆情监测分析中心［EB/OL］.［2020-01-25］.https://baike.baidu.com/item/%E6%96%B0%E5%8D%8E%E7%BD%91%E7%BD%91%E7%BB%9C%E8%88%86%E6%83%85%E7%9B%91%E6%B5%8B%E5%88%86%E6%9E%90%E4%B8%AD%E5%BF%83/1392717?fr=aladdin.

研究中心、风险与公共危机研究中心、大数据与社会计算研究中心、信访与社会矛盾研究中心。

（三）人员情况

舆论与社会心态研究中心的主要研究人员由社会学、心理学、新闻传播、政治学、信息管理等多个领域的学者以及江苏省多家大媒体的骨干和专家组成。互联网与传媒发展研究中心的主要研究人员由传播学、社会学、人类学等多个领域的学者以及江苏省多家大媒体的骨干和专家组成。

（四）研究方向和研究成果

紫金传媒智库的具体研究方向包括舆论与社会心态、大数据与社会计算、信访与社会矛盾、互联网与传媒发展、风险与公共政策；主要产品有紫金经济信心指数、紫金创新指数、"紫金乡愁乡建"系列。

第五类　社会智库——浙江省传播与文化产业研究中心

（一）概况

浙江省传播与文化产业研究中心成立于 2006 年 6 月，是浙江省社会科学首批重点研究基地。中心整合浙江大学传播研究所和浙江传媒学院相关资源，联系多家企事业单位，构建了此研究平台。

（二）人员情况

中心现有正式成员 50 名，其中教授 22 名，70% 的成员具有博士学位。

（三）研究方向

中心下设 3 个主要研究方向：一是媒介经济与管理研究，学术带头人为浙江大学传播学博士生导师邵培仁教授，该研究方向重点研究中国新闻媒介改革、媒介经济管理和文化产业政策等方面内容；二是数字娱乐产业研究，学术带头人为浙江大学传播学博士生导师李杰（笔名李思屈）教授，该研究方向立足"数字浙江，动漫天堂"的建设实践，重点研究动漫、网游、手机娱乐等数字娱乐产业的发展规律；三是广播电视内容产业研究，学术带头人为浙江传媒学院王文科教授，主要从"广电新闻"和"广电综艺"两大内容生产板块入手，研究新闻、综艺、社教、服务 4 大类节目的生产和消费规律。①

（四）研究成果

浙江省传播与文化产业研究中心先后主编国家重点教材 10 余种，出版专著 50 余种，发表论文 260 多篇，在传播学、媒介管理学研究方面居于国内领先地位。②

---

① 浙江省社会科学界联合会 . 浙江省传播与文化产业研究中心概况［EB/OL］.2011-05-09［2020-01-25］.http://www.zjskw.gov.cn/yjjdqk/8873.jhtml.
② 中国高校之窗 . 浙江省传播与文化产业研究中心——浙江传媒学院［EB/OL］. 2014-11-17［2020-01-25］.http://www.gx211.com/news/20141117/n0558224996.html.

后　记
科学性与前瞻性是现代智库的重要特征

　　我本人是在 20 世纪 80 年代后期第一次听说"智库"这个词的，当时不叫"智库"，叫"思想库"。当时也不知道这究竟是个什么东西，只觉得从名称上听起来挺有意思。但无论叫"思想库"还是"智库"，在英文中都是一个词"think tank"。可见，本意都一样，只是翻译的汉语词不同而已。当然，英文中还有"brain tank"（脑库）和"brain trust"（智囊团）等说法，这里我们不做过多辨析。

　　据上海社会科学院智库研究中心 2014 年 1 月发布的《2013 年中国智库报告》，智库主要指以公共政策为研究对象、以影响政府决策为研究目标、以公共利益为研究导向、以社会责任为研究准则的专业研究机构。既然叫"机构"，说明智库是一个组织或一个单位，而非个人。

　　据我有限的知识，中国古代应该是没有智库这类机构的；但有一些官职，多多少少起着智库的作用，如门客、军师、谋士、师爷等。还有一个词叫"智囊"，听起来与智库的意思很接近，但实际上仍然指人，指足智多谋、帐内出策之人。智囊在中国古代军事战争和政治活动中作用卓著。

　　据说，成立于 1884 年的英国费边社（Fabian Society）、成立于 1907 年的美国罗素·塞奇基金会（Russell Sage Foundation）、成立于 1908 年的德国汉堡经济研究所（Hamburg Institute for Economy Research）分别是英、美、德最早的智库。而成立于 1906 年的日本野村综合研究所，则是日本民间最早的智库。二战后，特别是 20 世纪 60 年代以来，美国政府日益重视由工程师、物理学家、生物学家及社会学家合作产生的综合研究成果，由此出现了一大批与政府签约的智库。成立于 1948 年的兰德公司就是其中的代表。从 20 世纪七八十年代起，智库的资政作用逐渐加强，同时智库的意识形态倾向日益明显，党派立场愈发鲜明。

改革开放以来，我国智库有了长足的发展。2015 年 1 月，中共中央办公厅、国务院办公厅印发《关于加强中国特色新型智库建设的意见》，开启了我国新时代智库建设的顶层设计；同时，也开启了我国高端智库从学术导向向问题导向、从注重理论研究向注重政策和实操的转型。在中央政策指导和试点工作带动下，我国新闻出版行业智库建设迎来了发展期，一批报业集团、科研机构、高等院校等纷纷向新型智库转型，各种智库论坛、智库活动接连举办。这为推进科学民主决策、提升行业治理体系和治理能力现代化水平、增强国家软实力作出了突出贡献。

中国新闻出版研究院隶属于党政机关，对新闻出版行业智库的研究本身就是我们的工作职责之一。近年来，中宣部领导曾多次要求研究院开展行业智库的研究和遴选工作。从党中央提出加强中国特色新型智库建设开始，我们就进行了对我国新闻出版行业智库的研究。我们的研究历时几年，第一个研究报告专注于美国智库的方法论和工具集，它是一个内部课题，未公开发表，其研究成果偶见于我的一些讲课；第二个报告就是与大家见面的这本书。我们的研究过程，是遇到问题解决问题的过程，具体如下。

1. 关于新闻出版行业智库的界定

在研究过程中，我们面临的第一个问题是关于新闻出版行业智库的界定。如果单纯从名称上看，新闻出版行业智库似乎应横跨两个范围，一个是以新闻出版领域相关问题为研究对象的智库，另一个是新闻出版单位主办的智库。这个问题在写书前就困扰过我们。两年前研究院隶属于原国家新闻出版广电总局时，总局就曾安排过一个对"新闻出版行业智库"进行遴选的项目，还有经费，当时就讨论过这个问题，大家各执己见。但这本书还是给出了一个我们自己的界定，即新闻出版行业智库指的是以新闻出版领域相关问题为研究对象的智库。这个界定是否完全合理，我们不敢说，但这符合我们的研究目的。

2. 关于新闻出版行业智库备选池

我们面临的另一个问题是如何科学、客观、全面地筛选目标智库。我们搜集了目前我国正式出版或发布、具有一定权威性和知名度的智库名录，共搜集到 9 个相关名录，包括 4 个正式出版的名录、4 个研究报告中的名录和 1 个试点单位名录。这些名录初步构成了我们的行业智库备选池。

3. 关于新闻出版行业智库备选池补充

之所以以 9 大智库名录为备选池，是由于它们合在一起已经是目前我国研究智库最全面、最权威的目录了。以其为依据筛选出的新闻出版行业智库也应最为全面和权威，且不容易引起争论，即使引起争论也不至于争论到我们头上。

但非常遗憾，依据这 9 大智库名录筛选出来的符合"以新闻出版领域相关问题为研究对象"的智库非常不全面，与事实认知差距较大。原因是 9 个名录对智库的定义不同，对智库的遴选标准各异，导致一些具有新闻出版行业智库功能的大学未能进入备选池。为解此困，尽可能不遗漏目标智库，我们斗胆又增加了另外 2 个筛选办法，即以国家社会科学基金项目获批情况和新闻出版相关论文发表情况为依据，收集相关智库，补充我们的备选池。但这给我们带来太大的困扰和太多的工作量了。目前书中给出的筛选步骤和评价方法，是我们在自己研究和征求各方意见基础上形成的，是我们对新闻出版行业智库研究的一次初步探索，目的是抛砖引玉，希望能引出更权威更严谨更全面的报告。

4. 关于新闻出版行业智库评价指标和量化方法

为尽可能科学、可操作、可实施地建立新闻出版行业智库评价指标体系，我们首先对现有的国内外智库研究方法进行了综述和归纳分析，在此基础上建立了我们的指标体系和量化方法。在具体实施时，我们尝试过问卷调查，问卷的好处是可以对参与者的"行为"进行追踪分析。但由于填写与回收的不理想，我们最终放弃问卷，另辟蹊径，变"行为"测评为公开的"成果物"测评。我们分别从政策影响力、学术影响力和社会影响力 3 个维度建立了一级指标，在一级指标下又建立了 5 个二级指标、7 个三级指标及若干个四级指标。鉴于我们对智库作用的理解，我们在指标体系的权重设置方面，将政策影响力设置为 40%，学术影响力和社会影响力各设置为 30%；在政策影响力下的二级指标权重设置方面，将政策的前瞻性设置为 70%，政策的相关性设置为 30%；在社会影响力下的二级指标权重设置方面，将网络媒体曝光度和网络传播能力各设置为 50%。通过采样和计算，我们对我国新闻出版行业智库进行了排行。

5. 关于三个影响力排行的说明

除层层筛选外，我们还对依筛选标准选出的靠前的智库进行了影响力评价分析，给出了 Top10 排行榜。其中，政策影响力评价是智库评价的重点。在这方面，我们首先收集了"十二五"以来政府部门发布的新闻出版行业政策文件 65 个，从中遴选出产业导向明显的政策文件 45 个，再从这 45 个政策文件中抽取代表新闻出版行业细分领域及发展方向的主题词 22 个。然后，我们用主题词遴选智库新闻出版行业政策相关论著，以主题词在智库论著题录信息中出现的频次测度智库成果的政策相关性，以智库论著与相关政策的相似性强弱为成果政策相关性得分赋权，以智库论著初版时间、发表时间与政策发布时间的先后顺序测度智库成果的政策前瞻性。最后，我们分别赋予相关性和前瞻性 30% 和 70% 的权重。当然，通过测度智库的政策相关性和前瞻性来评价智库的政策影响力，这一方法来自我个人的思考，它是否合理，希望听到更多的意见和建议。这里还要特别指出的是：本研究对新闻出版行业的划分，依据的是政策文件中的主题词，实际代表的是行政管理职权的范围和产业分工的领域，而非新闻学、出版学的学科领域。

在学术影响力评价方面，我们采用了论文引用指标评价方法，以智库发表的新闻出版相关文章的 h 指数和 g 指数来测度。排行出来后，由于其中高校较多，我们又与教育部学科评估结果和上海软科教育信息咨询有限公司"中国最好学科排名"等学科评估结果进行了比对观察（由于评价目的、内容、标准均不同，这里仅是比对观察）。同时，我们又一步步回溯核查。在整个评价计算过程中，未有人为因素参与。

在社会影响力评价方面，我们以智库网络媒体曝光度和智库网络传播能力的综合表现来评价。网络媒体曝光度衡量的是智库的被报道量，反映智库在外部宣传渠道呈现的知名度和活跃程度；网络传播能力衡量的是智库自身宣传渠道的建设及运营状况，反映的是智库内部的宣传运营能力。

6. 关于本研究的局限性及我们的遗憾

本研究的局限性主要体现在四个方面：一是我们自身学识和能力的不足；二是可供参考的新闻出版行业智库研究成果和方法论著作太少；三是智库研究和评价本身就难以形成统一的客观标准，而我们又不愿把人为因素考虑进来。

我们的遗憾还有一点，由于我们仅能从公开资料中抽取数据，而难以在智库机构内部获取资料进行更为直接的研究和评价，如领导人的批示，又如智库机构直接参与国家或行业主管部门规划起草、课题研究、项目研发的情况，智库机构人员调入或借调到上级管理机关工作情况等。这可能导致某些优秀智库被遗漏，包括科研机构和高校等。例如近年来发展势头很猛的融智库，其无论在政府项目的参与、智库报告的撰写、智库专家的遴选、智库论坛的举办、智库活动的开展等方面，都在新闻出版行业和学界产业了较大的影响。但非常遗憾，它却未能筛选进我们这次的评价目录。我们仔细研究后发现，导致此结果的原因是融智库的主办单位北京中地睿知管理咨询有限公司成立时间较晚（2016年9月），9部智库名录均未收录，而我们补充筛选的时间范围是2009~2018年，也难以覆盖。

再说说我本人对当前新闻出版行业智库的一些不成熟的看法。

首先，必须承认，近年来我国新闻出版行业智库取得了突出成绩，这是有目共睹的，这是主流。但同时，我们也必须看到我国新闻出版行业智库尚处于起步阶段，离党中央的要求、主管部门的实际需要及行业的期待距离尚远，尚有改进之处。

在牵头智库研究和本书撰写的这几年里，我心里逐渐形成了一个比较固定的看法——现代智库有四大重要特征，即智库研究方法的科学性、智库研究内容的前瞻性、智库研究观点的创见性和智库研究理论的跨学科性。因此我想就此说点自己的浅见。

先说研究方法的科学性。中国古代幕僚式的师爷，多是幕后出主意的人。出主意，凭的是个人的智慧和个人对某些事物的敏感性。前面说了，现代智库是个机构，而非个人，所以它是由一个组织，通过组织内部人员的分工，通过人员对相关信息的收集整理，特别是通过科学方法对信息进行一定的分析和处理，推演出结论，供决策者参考。因此，科学方法的使用在现代智库的研究中非常重要。特别是在当下计算机技术迅猛发展的环境下，科学方法的创新与应用就更为重要了。综观我国目前的新闻出版行业智库，有些虽然号称"智库"，但研究过程缺乏科学方法，研究结论缺乏严谨推导，研究观点人云亦云。

现代智库的第二个特征是研究内容的前瞻性、预测性和预判性。通过前瞻性、预测性和预判性的研究，准确总结过去，分析现状，预测未来，为政府决策提供重要参考。综观我国新闻出版行业智库，相当数量的研究观点后置，甚至是政府已出台政策的简单解读，缺乏前瞻性的研究和建议，特别是缺少对未来发展的预测和预判。

现代智库的第三个特征是研究观点的创见性。之所以用"创见性"这个词，是因为我个人对它格外偏爱。在我的理解里，创见性应该包括创新性、洞见性、建设性和可操作性。只有掌握了上述几点，才可能提出有价值的观点，才可能起到资政辅政的作用。综观我国目前的新闻出版行业智库，有些虽提出一些建议，但往往套话较多，真知灼见很少。我尤其不喜欢那种放之四海而皆准的大话空话，听起来似乎很有道理，实际上毫无意义，不解决任何现实问题，貌似学术，实为呓语。智库不是研究机构的简单"挂牌"，更不是赶时髦地将一般性研究工作统统当成智库工作。智库的"智"究竟体现在哪里？值得研究。

现代智库的第四个特征是智库研究理论的跨学科性。跨学科的前提是学科专业分类的存在。专业分类是近代人类文明的伟大创举，对学术的深入研究、厘清真相非常重要，至今仍是非常重要的研究方法和工作手段。没有专业分类的综合是感觉和想象的产物，不一定靠谱。但物质世界和人类社会的复杂性、多样性、非线性、不稳定性和模糊性往往又使专业分类难以全面反映实际，因此才有了跨学科和融合发展的空间和意义。今天，许多创新来自跨学科的研究。我理解党中央提出的融合发展，其深刻内涵就有跨学科的意思在。如果我们新闻出版业画地为牢，不思拓展，甚至自说自话，那可能形不成智库，充其量形成所谓的学术小圈子。从某种意义上说，给人文赋予科学精神可能比让科学回归人文更难。

最后，我还想说一点，落实党中央对中国特色新型智库建设的要求和期望，除上述四个方面需改进外，尊重人才、爱护人才、不拘一格选拔人才、创造利于人才脱颖而出的灵活机制也是建设好新时代新闻出版行业新型高端智库的关键。

张　立

2020 年 12 月 7 日于北京房山家中

图书在版编目 (CIP) 数据

中国新闻出版行业智库影响力评价. 2020 / 张立，
梁楠楠著. -- 北京：社会科学文献出版社，2020.12
　　ISBN 978-7-5201-7674-3

　　Ⅰ. ①中… 　Ⅱ. ①张… ②梁… 　Ⅲ. ①新闻事业 – 咨
询机构 – 研究 – 中国 – 2020②出版事业 – 咨询机构 – 研究
– 中国 – 2020 　Ⅳ. ①G219.2②G239.2

　　中国版本图书馆CIP数据核字（2020）第235115号

中国新闻出版行业智库影响力评价（2020）

著　　者 / 张　立　梁楠楠

出 版 人 / 王利民
责任编辑 / 刘　姝

出　　版 / 社会科学文献出版社·数字出版分社（010）59366434
　　　　　地址：北京市北三环中路甲29号院华龙大厦　邮编：100029
　　　　　网址：www.ssap.com.cn
发　　行 / 市场营销中心（010）59367081　59367083
印　　装 / 三河市龙林印务有限公司

规　　格 / 开　本：787mm×1092mm　1/16
　　　　　印　张：13.5　字　数：230千字
版　　次 / 2020年12月第1版　2020年12月第1次印刷
书　　号 / ISBN 978-7-5201-7674-3
定　　价 / 89.00元